Informatik im Fokus

Herausgeber:

Prof. Dr. O. Günther
Prof. Dr. W. Karl
Prof. Dr. R. Lienhart
Prof. Dr. K. Zeppenfeld

Informatik im Fokus

Rauber, T.; Rünger, G.
Multicore: Parallele Programmierung. 2008

El Moussaoui, H.; Zeppenfeld, K.
AJAX. 2008

Behrendt, J.; Zeppenfeld, K.
Web 2.0. 2008

Hoffmann, S.; Lienhart, R.
OpenMP. 2008

Steimle, J.
Algorithmic Mechanism Design. 2008

Stych, C.; Zeppenfeld, K.
ITIL®. 2008

Friedrich, J.; Hammerschall, U.; Kuhrmann, M.; Sihling, M.
Das V-Modell XT. Für Projektleiter und QS-Verantwortliche – kompakt und übersichtlich. 2008

Brill, M.
Virtuelle Realität. 2008

Finger, P.; Zeppenfeld, K.
SOA und Web-Services. 2009

Kramer, O.
Computational Intelligence. Grundlagen und Konzepte. 2009

Stuckenschmidt, H.
Ontologien. Konzepte, Technologien und Anwendungen. 2009

Jörg Becker · Christoph Mathas ·
Axel Winkelmann

Geschäftsprozessmanagement

Prof. Dr. Jörg Becker
Dr. Axel Winkelmann

Westfälische Wilhelms-Universität
Münster, European Research Center
for Information Systems (ERCIS)
Leonardo-Campus 3
48149 Münster, Deutschland
becker@ercis.uni-muenster.de
winkelmann@ercis.uni-muenster.de

Christoph Mathas

Siemens IT Solutions and Services
GmbH & Co. OHG
SIS D PRO EIS 2
Otto-Hahn-Ring 6
81739 München, Deutschland
christoph.mathas@siemens.com

Herausgeber:

Prof. Dr. O. Günther
Humboldt Universität zu Berlin

Prof. Dr. W. Karl
Universität Karlsruhe (TH)

Prof. Dr. R. Lienhart
Universität Augsburg

Prof. Dr. K. Zeppenfeld
Fachhochschule Dortmund

ISBN 978-3-540-85153-0 e-ISBN 978-3-540-85155-4

DOI 10.1007/978-3-540-85155-4

ISSN 1865-4452

Bibliografische Information der Deutschen Nationalbibliothek
Die Deutsche Nationalbibliothek verzeichnet diese Publikation in der Deutschen Nationalbibliografie; detaillierte bibliografische Daten sind im Internet über http://dnb.d-nb.de abrufbar.

Einbandgestaltung: KünkelLopka Werbeagentur, Heidelberg

Gedruckt auf säurefreiem Papier

9 8 7 6 5 4 3 2 1

springer.de

Vorwort

Wie in vielen anderen Fachbereichen gilt auch in der Betriebswirtschaft und angewandten Informatik, dass sich nur hinter wenigen Modetrends und -wörtern wirkliche Substanz verbirgt. Häufig genug scheinen sie nur flüchtig auf, um dann unwiederbringlich im Fluss der stetigen Neuerungen und Innovationen aus Wissenschaft und Technik unterzugehen. Im Gegensatz dazu stehen die grundlegenden Entwicklungstrends, die sich richtungsweisend durch ihre Nachhaltigkeit und praktischen Nutzen auszeichnen. Zwischen beiden ist eine scharfe Trennlinie zu ziehen.

Das Geschäftsprozessmanagement entstammt nun jener zweiten Kategorie: Dieser Meinung sind nicht nur verständlicherweise wir, die Autoren dieses Buchs, sondern beispielsweise auch alle namhaften Lieferanten der IT-technischen Infrastrukturen für Unternehmungen aller Art. Angesichts der Entwicklungsstabilität über die vergangenen Jahre kann es sich beim Geschäftsprozessmanagement gar nicht mehr nur um eine vorübergehende Modeerscheinung handeln. So finden sich seine Kernkonzepte mittlerweile selbst in politischen Verwaltungsvorschriften wieder, zuvorderst in der EU-Dienstleistungsrichtlinie, der EU-weit verbindlichen Vorgabe zur Umsetzung des eGovernments.

Dieses Werk soll als Leitfaden alle wichtigen betriebswirtschaftlichen und technischen Aspekte rund um das Geschäftsprozessmanagement zusammenfassen und in einer kompakten, leicht verständlichen Form dem interessierten Leser präsentieren. Allein aus seinem Umfang wird schon deutlich, dass die wichtigen Begriffe lediglich kurz erläutert werden können, um anschließend auf andere, ergänzende Quellen Bezug zu nehmen. Genau das ist jedoch gewollt, um ein möglichst vollständiges und aktuelles Übersichtsbild über diese für die moderne Unternehmensführung so wichtige Feld zu zeichnen, ohne sich zu sehr in Details zu verlieren. In diesem Sinne hoffen wir, unseren Lesern ein wertvolles Hilfsmittel zum Einstieg in diese hoch aktuelle Materie in die Hände zu legen.

Unser Dank gilt allen, die mit wertvollen Informationen zum Gelingen dieses Werkes beigetragen haben. Hervorzuheben ist vor allem die intensive Unterstützung durch Herrn cand. rer. pol. Matthias Boehm. Darüber hinaus möchten wir uns für die Möglichkeit der Realisierung bedanken beim Bundesministerium für Bildung und Forschung, das das aktuell am ERCIS durchgeführte Forschungsprojekt „Management kreativitätsintensiver Prozesse (ManKIP)" unter dem Kennzeichen 01FM07061fördert. Unser Dank gilt hierbei auch dem Projektträger Deutsches Zentrum für Luft- und Raumfahrt (DLR), insbesondere Frau Dr. Stephanie Becker. Herrn Clemens Heine und Frau Agnes Herrmann vom Verlag danken wir für die kooperative Zusammenarbeit und ihre Geduld.

Münster, München, im Januar 2009

Jörg Becker
Christoph Mathas
Axel Winkelmann

Inhaltsverzeichnis

1 Bedeutung des Geschäftsprozessmanagements

1.1 Prozessorientierte Unternehmensgestaltung

Wirtschaftliche Veränderungen und technologische Weiterentwicklungen zwingen Unternehmen zu einer ständigen Auseinandersetzung mit der eigenen Marktposition und den daraus resultierenden Geschäftsabläufen. Die Wertschöpfung von Unternehmen basiert zu einem großen Teil auf ihren Geschäftsprozessen und deren Abbildung in der IT. Eine Verbesserung der Unternehmensabläufe kann zu Leistungs- und Qualitätssteigerungen und somit zu Wettbewerbsvorteilen führen. Vor diesem Hintergrund entwickeln viele Unternehmen ein aktives Geschäftsprozessmanagement, um die eigenen Abläufe effektiv an die Markterfordernisse anpassen zu können. Es zeigt sich, dass der Bedarf für ein Überdenken von Prozessen mit der Dynamik einer Branche zunimmt. Domänen wie die Telekommunikation oder Automobilproduktion haben insgesamt gesehen häufiger ihre Prozesse überdacht als beispielsweise Verwaltungseinheiten, die unter dem Stichwort eGovernment erst seit wenigen Jahren die Prozesse reorganisieren oder der sogenannte kreative Sektor, in dem die durchgehende IT-Unterstützung derzeit noch eine untergeordnete Rolle spielt. Gerade in diesen Wirtschaftsbereichen ist das Potenzial eines professionellen Geschäftsprozessmanagements dadurch sehr hoch.

In den vergangenen Jahrzehnten haben sich Unternehmen sehr häufig mit der Verbesserung und Perfektionierung einzelner Funktionsbereiche beschäftigt, was zur Ausbildung lokaler Optima geführt hat. Dies führte jedoch zugleich zu einem starken Anstieg der Koordinationskosten zwischen einzelnen Unternehmensbereichen. Technologische und organisatorische Veränderungen und Möglichkeiten haben beispielsweise in den Bereichen Rechnungswesen, Logistik oder Produktion durch den Einsatz neuer Informations- und Kommunikationstechnologien wie Call Centern, Inter- und Intranets sowie den Einsatz neuer Konzepte wie der organisatorischen Auslagerung einiger Bereiche (Outsourcing) zu signifikanten Steigerungen von Produktivität und Qualität geführt. Dabei beseitigt moderne Technologie häufig die strukturellen Probleme nicht, sondern lindert lediglich die Symptome, indem sich z. B. die Abstimmungsprozesse durch die elektronische Kommunikation (E-Mail, Instant Messaging usw.) beschleunigen, sie aber dennoch erhalten bleiben.

Nicht zuletzt globale Abläufe, der internationale Kostendruck und der zunehmende Einsatz von unternehmensweiter Standardsoftware forcieren heutzutage einen ganzheitlichen Blickwinkel auf die Prozesse. Der Gedanke der prozessorientierten Unternehmensgestaltung erfährt vor allem seit dem Ende der 80er-, Anfang der 90er-Jahre einen starken Auftrieb. HAMMER UND CHAMPYS Werk zum Business Process Engineering [HaCh93] führte ebenso wie zahlreiche Ausführungen, beispielsweise von DAVENPORT [Dave93], PORTER [PoMi85] und SCHEER [Sche91] zu einer intensiven Diskussion über die Geschäftsabläufe in Unternehmen.

Im Fokus der prozessorientierten Unternehmensgestaltung steht die Ablauforganisation der Unternehmung. Anders als die Aufbauorganisation, die sich mit der funktionalen Gliederung nach Abteilungen, Stellen usw. beschäftigt, betrachtet die Ablauforganisation die Aufgabendurchführung (wer macht was wann und womit) unabhängig von der funktionalen Aufhängung. Elementare Bestandteile einer Aufgabe sind die Aktivitäten, welche die Grundbestandteile eines (Arbeits-)Prozesses bilden. Der Prozess wird dabei verstanden als die abgeschlossene, zeitliche und sachlogische Folge von Aktivitäten, die zur Bearbeitung eines prozessprägenden betriebswirtschaftlichen Objektes wie z.B. einer Rechnung, einer Kundenreklamation oder eines Auftrags notwendig sind.

Das Geschäftsprozessmanagement als Mittel zur prozessorientierten Unternehmensgestaltung befasst sich mit dem Dokumentieren, Gestalten und Verbessern von Geschäftsprozessen und deren IT-technischer Unterstützung. Die Geschäftsprozess-Dokumentation und -Gestaltung basiert im Allgemeinen auf standardisierten Modellierungssprachen wie z.B. der Ereignisgesteuerten Prozesskette (EPK) oder der Business Process Modeling Notation (BPMN). Dokumentierte Prozesse können u.a. als Grundlage für die Prozessverbesserung oder für die technische Umsetzung in IT-Systeme genutzt werden. Hier wird vor allem der synonym gebrauchte anglo-amerikanische Begriff des Business Process Managements (BPM) sehr stark durch Softwareunternehmen, die sich mit Modellierungstools auseinander setzen, in den Medien kommuniziert.

Das ursprüngliche, rein betriebswirtschaftliche Konzept sieht im BPM vor allem die Implementierung einer Management-Philosophie. Geschäftsprozesse des Unternehmens und die mit ihnen verbundenen Leistungen (Kosten, Zeiten, Mengen, Ressourcen usw.) werden als zentrale Erfolgsfaktoren des Unternehmens aufgefasst. Prozess-Strategie, Prozess-Design, Prozess-Implementierung und Prozess-Controlling können dabei durch entsprechende Prozessmanagement-Software unterstützt werden. Die starken Auswirkungen der Prozessabläufe auf Gewinne und Kosten sowie die Produktqualität und den Kundenservice führen ebenso wie die Notwendigkeit der Zusammenarbeit zwischen einzelnen Unternehmensbereichen zu einer Beschäftigung mit dem betriebswirtschaftlichen BPM-Ansatz.

Ziel des technischen BPMs ist, anders als beim betriebswirtschaftlichen BPM, eine möglichst weitreichende Automatisierung einzelner Geschäftsprozesse etwa durch Workflowmanagement-Technologien zu ermöglichen. Prozesse werden nur insoweit modelliert und überwacht, wie es zur Automatisierung nützlich ist. Auch im Bereich der Enterprise Application Integration (EAI), bei der es um die flexible (Prozess-)Integration verschiedener Softwareprodukte geht, kommt das technische BPM-Verständnis ebenso wie beim Aufbau von SOA-Architekturen zum Vorschein.

Eine wesentliche Herausforderung besteht darin, beide Ansprüche an die Geschäftsprozessmodellierung idealerweise miteinander zu verbinden und zu integrieren. Dabei gilt es, zunächst auf Ebene des Unternehmens Handlungsfelder für das Geschäftsprozessmanagement zu identifizieren, die Abläufe auf Ebene des Einzelprozesses formal zu erfassen und ggf. zu verändern und mittels entsprechender Informationstechnologie umzusetzen. Wesentliche Fragestellungen hierbei sind:

- Welche Haupterfolgsfaktoren prägen einzelne Geschäftsfelder des Unternehmens?
- Welche Kundensegmente oder Märkte werden wie mit welchen Leistungen oder Produkten bedient?
- Welche Führungs-, Kern- und Unterstützungsprozesse werden vom Unternehmen in welcher Form benötigt?
- Welche internen und externen Anforderungen werden an die Unternehmensabläufe gestellt?
- Welche Prozesse können wie durch IT unterstützt werden?

Die Erfassung, Analyse, Verbesserung und Kontrolle der betriebswirtschaftlichen Prozesse und anschließende Umsetzung in technisch unterstützte Prozesse bieten Effizienzgewinne durch Ablaufverbesserung und -automatisierung. Durch die technische

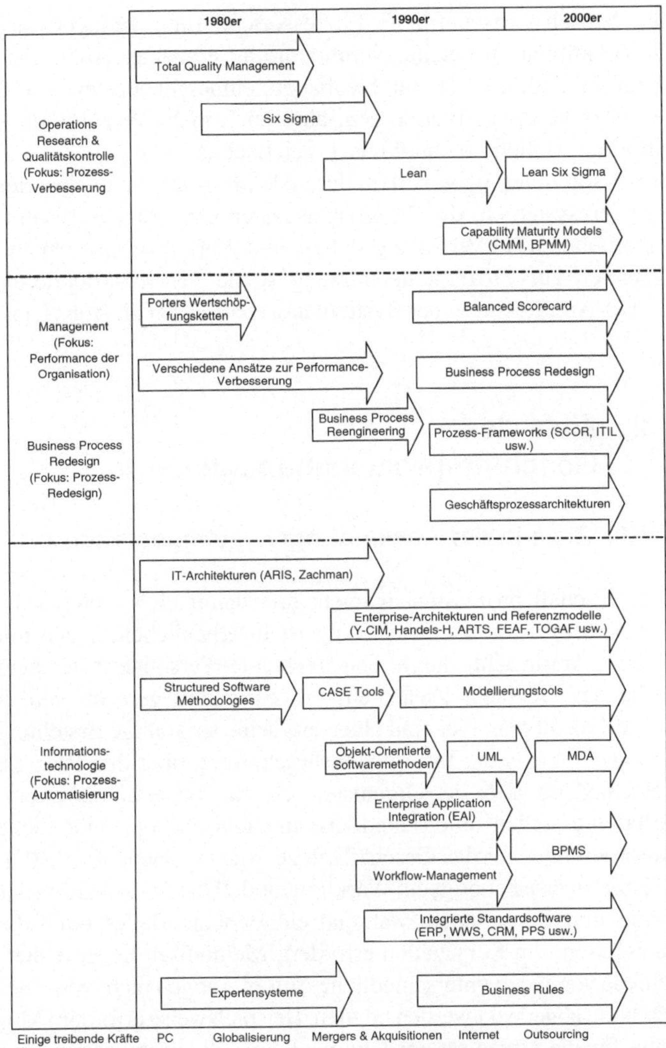

Abb. 1.1. Auszug aus der Geschichte des Geschäftsprozessmanagements

und betriebswirtschaftliche Prozessorientierung verlagert sich die funktional aufgeteilte Verantwortung einzelner Ablaufbausteine in niedrigere Hierarchieebenen, einhergehend mit größeren Entscheidungsspielräumen, aber auch mehr Verantwortung einzelner Stellen. Technologisch zeichnet sich die zunehmende Prozessorientierung vor allem durch den Einsatz von integrierten Softwaresystemen, die die gleiche Datenbasis für das gesamte Unternehmen zur Verfügung stellen, und Workflowmanagementsystemen zur Prozessunterstützung sowie Service-orientierten (SOA)-Architekturen der Systemlandschaft aus (vgl. Abb. 1.1).

1.2 Ziele des Geschäftsprozessmanagements

1.2.1 Ziele in der Anwendungssystemgestaltung

Das Geschäftsprozessmanagement und damit einhergehend die formalisierte Prozessmodellierung ist in erheblichem Maße mit Kosten, verursacht durch entsprechende Personalentwicklung verbunden. Je mehr Zielen ein Prozessmodell gerecht werden soll, desto aufwändiger sind einerseits seine sorgfältige Erstellung und andererseits die Informationsbeschaffung über den Prozess. Verschiedene Ziele der Organisations- und Anwendungssystemgestaltung stellen unterschiedliche methodische und inhaltliche Anforderungen an das Geschäftsprozessmanagement [BeKR07]. Beispielsweise benötigt ein Workflowmodell die Spezifikation der Input- und Outputdaten, während ein Benchmarkingmodell die Annotation von Kennzahlen erfordert. Methodisch liegen Unterschiede vor, wenn unterschiedliche Anforderungen nicht von einer Methode abgedeckt werden können. Beispielsweise erfordern Modelle für die Organisationsdokumentation, die prozessorientierte

Reorganisation oder die kontinuierliche Geschäftsprozessverbesserung eine hohe, zumeist selbst erklärende Anschaulichkeit, während Prozessmodelle des Requirement Engineering eine präzise Attributierung und zwingend Bezugspunkte zu korrespondierenden Modelltypen wie Daten- oder Objektmodellen verlangen.

1.2.1.1 Auswahl von Unternehmenssoftware

Die Unternehmenssoftware – verstanden als die zentrale betriebswirtschaftliche Anwendungssoftware eines Unternehmens – nimmt bei der Gestaltung von Geschäftsprozessen eine Schlüsselrolle ein, da eine Reorganisation von Unternehmen nicht ohne Beachtung der Wechselwirkungen organisatorischer und anwendungssystembezogener Aspekte erfolgen kann. Die Flexibilität der eingesetzten Unternehmenssoftware bestimmt damit maßgeblich die Flexibilität eines Unternehmens, auf geänderte strukturelle, funktionale oder prozessuale Anforderungen zeitnah reagieren zu können.

Die komplexen betriebswirtschaftlichen Anforderungen an Unternehmenssoftware und der damit einhergehende große Aufwand von oftmals mehreren dutzend Mannjahren zur Entwicklung einer Individuallösung führt seit den 90er-Jahren dazu, dass die Make-or-Buy-Entscheidung bei Unternehmenssoftware (fast) immer zu Gunsten einer Standardlösung ausfällt. Am Markt sind heute für die meisten Branchen und Unternehmensgrößen Softwarelösungen verfügbar, die einen ausgereiften technologischen und funktionalen Stand bieten.

Neben der Bedeutung der Unternehmenssoftware für die Wettbewerbsstrategie belegen auch die Höhe der Investitionen sowie die nachhaltige Erfolgswirksamkeit der eingesetzten Systeme, wie wichtig die Nutzung der „richtigen“ Unternehmenssoftware ist. Häufig wird durch eine ungenügende Markttransparenz bzw. Marktkenntnis ein System gewählt, das nicht optimal zu den Anforderungen des Unternehmens passt und im Rahmen des Einführungsprojektes oftmals erhebliche Modifikationen und projektindividuelle Erweiterungen der Standardsoftware erzwingt. Dies reduziert den zentralen Vorteil von Standardsoftware – eine für alle Anwenderunternehmen einheitliche, kostengünstige Weiterentwicklung des Systems durch den Hersteller – und bedingt vielmehr bei jedem künftigen Releasewechsel erhebliche Kosten (erfahrungsgemäß liegen diese je Releasewechsel bei ca. 10 % bis 30 % der initialen Modifikationskosten).

Die Funktionalität von Unternehmenssoftware wird häufig in (Prozess)Modellen festgehalten, so dass es sich anbietet, zur Softwareauswahl auch einen Abgleich der unternehmensindividuellen Prozessabläufe mit der unterstützten Softwarefunktionalität vorzunehmen. Das ggf. mit der Bedeutung der Prozesse gewichtete Ausmaß an Abdeckung kann als Indikator für die Einsatzeignung der jeweiligen Unternehmenssoftware herangezogen werden, wobei neben der Funktionsausprägung auch die Reihenfolge der Funktionsabfolge zu beachten ist.

1.2.1.2 Customizing von Software

Die universelle Ausrichtung von standardisierter Unternehmenssoftware auf eine Vielzahl unterschiedlicher Anwender bedingt in den einzelnen Installationen grundsätzlich eine Anpassung der Software an die betriebswirtschaftlichen Gegebenheiten. Größtenteils sind in den Softwarepaketen in unterschiedlichen Granularitätsstufen und unterschiedlichem Umfang prozessorientierte Lösungen zum Customizing oder zur Parametrisierung der Unternehmenssoftware bereits enthalten. Auf diese Weise wird der Software-Einführungsprozess verkürzt, da Domänenwissen ohne zusätzliches technisches

Wissen für die Softwareeinführung genügt, so dass ein Teil der Einführungsverantwortung auf Fachexperten statt auf IT-Experten übertragen werden kann. Für den Fall, dass angepasste Prozessmodelle für diesen Zweck verwendet werden sollen, ist eine Referenzbeziehung zwischen den Modellen und den zu individualisierenden Customizingtabellen der Unternehmenssoftware erforderlich.

Während bei der Individualprogrammierung stets eine individuelle Erstellung bzw. Änderung des Programmcodes erfolgt, erfordert das Customizing keine Programmcodeänderung. Customizing umfasst alle Maßnahmen zur Anpassung einer Standardsoftware an die kundenindividuellen Anforderungen und Gegebenheiten, die unter Nutzung von vorgedachten Konfigurations- und Parametrisierungsmöglichkeiten, durchgeführt werden können.

Unter Konfiguration (synonym: Modularisierung) ist die Auswahl der benötigten bzw. gewünschten Programmbausteine zu verstehen, die i. d. R. zum Zeitpunkt der Installation erfolgt. Eine nachträgliche Umkonfiguration (insbesondere eine Erweiterung um zusätzliche Module) ist üblicherweise möglich.

Bei der Parametrisierung wird das Verhalten von Standardsoftware durch das Setzen von vordefinierten Parametern an die individuellen Anforderungen angepasst. Die Pflege der Parameter kann direkt in Tabellen oder gestützt durch Tools erfolgen. Im Gegensatz zur Konfiguration beeinflusst die Parametrisierung das Detailverhalten der Software (bspw. die verwendeten Algorithmen oder der Aufbau und die Abfolge von Bildschirmmasken). Da ein erfolgreiches Customizing einen zentralen Erfolgsfaktor darstellt, wird zunehmend ein transparentes und kostengünstiges Customizing gefordert. Ein Weg hierzu ist der Übergang zu grafischen, an den betrieblichen Abläufen orientierten Parametrisierungstools.

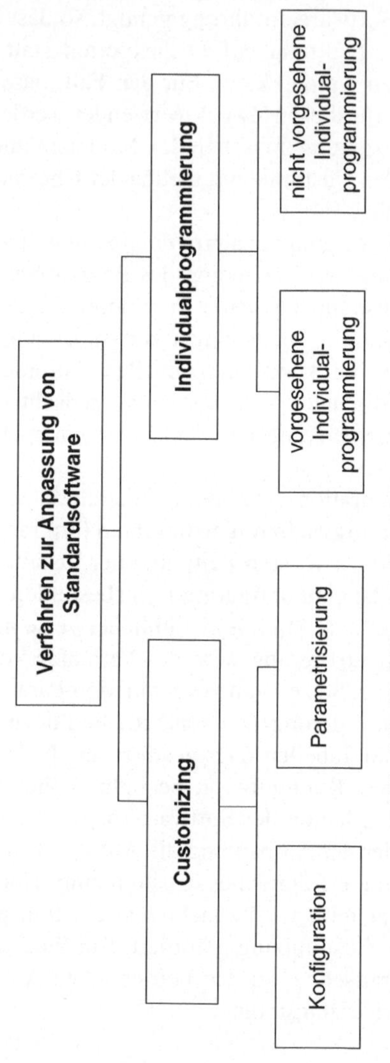

Abb. 1.2. Verfahren zur Anpassung von Standardsoftware

1.2.1.3 *Einsatz von Workflowmanagement*

Eine vordefinierte Abfolge von Aktivitäten innerhalb der Organisation kann durch entsprechende Software unterstützt werden. Der Arbeitsablauf (engl. Workflow) wird über das entsprechende Anwendungssystem (Workflowmanagementsystem) technologisch ausgeführt. Dabei können arbeitsteilige Prozesse aktiv technologisch gemanaged und kontrolliert werden. Das Workflowmanagementsystem prüft beispielsweise, ob ein zur Bearbeitung vorliegendes Dokument von dem entsprechenden Sachbearbeiter in der dafür vorgesehenen Zeit bearbeitet werden kann, um es ansonsten an einen anderen Mitarbeiter weiterzuleiten.

Mit den Fachbereichen abgestimmte, wohlstrukturierte und mit einer hinreichenden Anzahl an Instanzen versehene Prozessmodelle sind Grundlage der instanziierbaren Workflowmodelle, die entgegen den organisatorischen Prozessmodellen um Rollen, d. h. Qualifikationen, und/oder Befugnisse, Input- und Outputdaten sowie zu Grunde liegende Datenstrukturen und Applikationen zu ergänzen sind. Im Allgemeinen sind Workflowmodelle feingranularer, d. h. detaillierter, als Prozessmodelle und weisen eine größere Anzahl an Modellattributen auf.

1.2.1.4 *Unternehmenssoftwareentwicklung*

Die Anforderungen an eine neu zu gestaltende Software können im Rahmen des Requirement Engineering beispielsweise mit CASE-Tools (Computer-Aided Software Engineering) erfolgen. Entsprechende Prozessmodelle müssen formal wohldefinierte Beziehungen zu anderen Modellen, vor allem zu den entsprechenden Datenmodellen aufweisen. Die Modellierung als fachkonzeptionelle Übertragung der Realweltanforderungen in Software ist dabei die Vorstufe zur eigentlichen Entwicklung.

Traditionelle Ansätze der Softwareentwicklung trennen zwischen fachkonzeptioneller Erfassung der (betriebswirtschaftlichen) Anforderungen sowie deren Umsetzung in Software. Der Quellcode einer Anwendung wird in Abhängigkeit von den fachlichen Voraussetzungen und den spezifischen technologischen Rahmenbedingungen entwickelt. Die losgelöste Pflege von Fachkonzept und Implementierung hat sich im Zeitablauf jedoch als problematisch erwiesen. Neue fachliche Anforderungen, Änderungen und Anpassungen des Systems führen zu einer hohen Komplexität in der Softwareentwicklung. Die Anforderungsanalyse wird nicht selten zu Gunsten der schnellen Realisierung einzelner Programmmodule vernachlässigt. Konflikte zwischen unterschiedlichen Nutzergruppen fallen damit allerdings erst im späteren Nutzungsstadium auf, da Widersprüche vorweg nicht ausreichend geklärt und ausgeräumt werden. Die Existenz unterschiedlicher Komponententechnologien und Programmiersprachen sorgt dafür, dass für jede dieser Plattformen eine separate manuelle Quellcode-Erstellung erforderlich ist. Eine Überführung der bereits als Software vorliegenden betriebswirtschaftlichen Prozesse in andere Programmiersprachen und Technologien ist daher nicht ohne größeren Anpassungsaufwand möglich und mit einem aufwändigen Reverse-Engineering verbunden.

Ziel neuerer Entwicklungsansätze wie der Model Driven Architecture (MDA\t „siehe Model Driven Architecture") ist es daher, den Entwicklungsprozess selbst auf ein höheres Abstraktionsniveau zu bringen. Statt die fachkonzeptuellen Modelle lediglich für die Aufnahme des organisatorischen Ist-Zustandes und der Spezifikation der Softwareanforderungen zu verwenden, bilden diese nun die entscheidende Grundlage des gesamten Entwicklungszyklus. Sie lösen damit den Quelltext in seiner Rolle als wichtigstes Artefakt der Softwareentwicklung ab. Die Anwendungssystemgestaltung im Kontext der MDA orientiert sich deutlich stärker am fachkonzeptuellen Modell und beschränkt sich nicht auf technische Aspekte. Im Idealfall sollen betriebswirtschaftliche Fachkonzepte mittels MDA (teil-)automatisiert in Quellcode überführt werden. Damit soll die Trennung von Anwender- und Entwicklerwissen durch gemeinsames Erstellen der konzeptionellen Modelle überbrückt werden. Das von der OMG maßgeblich vorangetriebene MDA-Konzept verspricht, Anwendungswissen von Software-Entwurfsentscheidungen loszulösen und das in fachlichen Modellen festgehaltene Wissen soweit wie möglich automatisiert in technische, plattformunabhängige Modelle zu überführen.

1.2.1.5 Simulation

Bei der Simulation werden Abläufe an einem Modell nachgebildet, um Erkenntnisse über die Realität im Zeitablauf zu gewinnen. Ziel ist es, Schwachstellen zu identifizieren, die sich bei der reinen Modellbetrachtung nicht offenbaren würden (wie z. B. hohe Liegezeiten oder eine hohe Varianz bei den Durchlaufzeiten). Die sich durch Simulation ergebenden Alternativen können bewertet werden, und die attraktivste Handlungsalternative kann anschließend im Unternehmen implementiert werden. Vor allem bei der Ermittlung von Personalbedarf oder der Belegung von Maschinen kann unter Zu-Hilfenahme von Zeit-, Mengen- und Kostendaten anhand der Prozessmodelle ermittelt werden, welche die dominante Handlungsalternative ist. Analog zum Workflowmanagement wird durch die Instanziierung auch hierbei ein besonders detailliertes Prozessmodell benötigt.

1.2.2 Ziele in der Organisationsgestaltung

Auch in der Organisationsgestaltung sind das Geschäftsprozessmanagement und die damit verbundene Prozessmodellierung zur Dokumentation und Reorganisation der Unternehmensorganisation von hoher Relevanz. Insbesondere die Weiterentwicklung der Organisation von der funktionalen Aufbauorganisation zur prozessualen Ablauforganisation ist Aufgabe der Prozessmodellierung in der Organisationsgestaltung.

1.2.2.1 Dokumentation der Organisation

Häufig liegen in den Unternehmungen vor allem Dokumentationen zur Aufbauorganisation vor. Darin wird zumeist in Organigrammen festgehalten, wie die Organisation aufgebaut ist und welche Abteilung welche Zugehörigkeit und Aufgaben hat. Allerdings ist die Dokumentation der tatsächlichen Abläufe, also der Ablauforganisation, in vielen Unternehmungen nur unzureichend dokumentiert. Nur wenige Unternehmen besitzen – wenn sie nicht gerade in Einführungsprojekten von Unternehmenssoftware stecken – eine vollständige aktuelle Beschreibung ihrer Geschäftsprozesse. Die lokal durch einzelne Mitarbeiter entstandenen Dokumentationen sind zumeist in begrenzten Projekten oder aus Eigeninitiative entstanden und besitzen keinerlei vollständigen Anspruch.

Ziel einer ganzheitlichen, d. h. über das gesamte Unternehmen laufenden, Geschäftsprozessdokumentation ist das Erkennen von Schwachstellen (Medienbrüche, Liegezeiten usw.) durch vollständige Transparenz über die Abläufe. Die Modelle sollten daher intuitiv verständlich sein, so dass jeder Mitarbeiter in der Lage ist, die Modelle und die dahinter liegenden Abläufe zu begreifen und zu diskutieren bzw. zu verändern.

Die Unternehmensdokumentation gewinnt seit einigen Jahren insbesondere vor dem Hintergrund gesetzlicher Corporate Government-Kodizes und -Gesetze wie Sarbanes-Oxley-Act, Basel II oder KonTraG an Bedeutung. Vor dem Hintergrund zunehmender Haftungsrisiken für Manager und der dargestellten gesetzlichen Vorgaben erscheint es für das Management unerlässlich, methodisch gesichert Entscheidungen über den Umgang mit den operativen Risiken treffen zu können.

1.2.2.2 Kontinuierliches Prozessmanagement

Einhergehend mit der Dokumentation der Prozesse sollte ein kontinuierliches Prozessmanagement (Process Change Management) eingerichtet werden, das auf die dauerhafte Planung, Durchführung und Kontrolle der Prozesse in Bezug auf Soll- und Ist-Durchführung abzielt. Entsprechend ist ein geeignetes Prozesscontrolling zur Erfassung von Abweichungen einzurichten. Attribute des Prozessmodells (z. B. Zeitvorgaben je Funktion) sind möglichst automatisiert zu erfassen und können zu einer weiteren Verbesserung der Prozesse herangezogen werden. Entsprechende Werkzeuge sollten darüber hinaus gängige Controllinginstrumente wie z. B. Frühwarnmechanismen oder Datenaggregation unterstützen.

1.2.2.3 Prozessorientierte Reorganisation

Die prozessorientierte Reorganisation hat seit der Diskussion des Business Process Reengineering seinen Reiz für Unternehmungen nicht verloren. Ziel ist es, bestehende Schwachstellen in den Unternehmensabläufen zu identifizieren und durch Reorganisation zu beheben. Voraussetzung sind hierfür aktuelle, anschauliche und formale Prozessmodelle, die einen Vergleich von Soll und Ist erlauben.

1.2.2.4 Benchmarking

Mit der Gegenüberstellung von Leistungen, Produkten, Prozessen und Praktiken zwischen Abteilungen, branchengleichen sowie branchenfremden Unternehmen sollen Bereiche des eigenen Unternehmens mit anderen verglichen werden, um Prozesse und

Leistungen zu verbessern. Benchmarking bietet Anregungen zur internen Innovation und Möglichkeiten, Vorgehen von Spitzenunternehmen in bestimmten Bereichen zu übernehmen (Best Practice).

Im Gegensatz zum Betriebsvergleich steht beim generischen Benchmarking weniger das Kostenkalkül in Form von Umsatz-, Gewinn- und Kostenkennzahlen im Vordergrund, sondern der Vorgang an sich wird betrachtet. Nicht die gesamten Input-Output-Beziehungen des Unternehmens wird im Regelfall betrachtet, sondern einzelne Arbeitsprozesse (z. B. Bestellabwicklungen oder logistische Prozesse). Kriterien zur Bewertung von Prozessen können beispielsweise Zufriedenheit von Kunden oder Mitarbeitern, Fluktuationsrate, Durchlaufzeiten, Kapazitätsauslastungen oder Fehlerraten und die effiziente Beseitigung von Fehlern sein. Es stellen sich Fragen nach dem Vorgehen der Vergleichspartner oder dem Prozess-Besten innerhalb eines Konzerns, einer Branche oder auch branchenübergreifend, da viele Prozesse, wie z. B. der Materialeinkauf, durchaus über Branchen hinaus vergleichbar sind. Während sich das „competitive Benchmarking“ als Leistungsvergleich in etwa mit dem Betriebsvergleich deckt, werden beim „generischen“ Benchmarking selbstständige Prozesse und Funktionsbereiche branchen-, größen- oder domänen-unabhängig untersucht, um Hinweise zur Verbesserung des eigenen Unternehmens(bereichs) zu erhalten.

1.2.2.5 *Qualitätsmanagement und Zertifizierung*

Seit Ende der 80er, Anfang der 90er Jahre ist das Thema Qualitätsmanagement für alle Unternehmungen ein wichtiger Bereich. Anstrengungen, in der Produktion stets gleich bleibende Qualität zu erzielen, führen unweigerlich zu einer Beschäftigung mit den Unternehmensabläufen. Entsprechende Zertifizierungen nach DIN ISO 9000 ff. verlangen entsprechend nach einer hochwertigen Dokumentation, um Abläufe und deren Veränderungen zu dokumentieren. Durch eine enge Kopplung von Prozess- und Organisationsmodellen ist sicherzustellen, dass qualitätssensible organisatorische Änderungen umgehend und konsistent nachgehalten werden.

1.2.2.6 Wissensmanagement

Ziel des Wissensmanagements ist die Erhöhung der Transparenz über das im Unternehmen verfügbare Wissen, um verfügbares Wissen dauerhaft im Unternehmen halten, einsetzbar und abrufbar machen zu können sowie fehlendes Wissen aufzubauen, um die Organisationsziele bestmöglich zu erreichen. Anschauliche und vielfach anreicherbare Prozessmodelle eignen sich für die Einarbeitung in betriebliche Sachverhalte und für Schulungen (Wissensakquise und -transport) im Rahmen des geschäftsprozessorientierten Wissensmanagements. Grundlage dieses Ansatzes ist die Verwendung von Anwendungssystemen (z. B. Workflow-Managementsystemen) sowie die wissensorientierte Modellierung von Geschäftsprozessen (z. B. mittels der Knowledge Modeling and Description Language). Die Funktionen in Prozessmodellen sollten dabei um „Wissen" als In- und Outputgröße angereichert werden werden. Darüber hinaus sollten Beziehungszusammenhänge zwischen Wissen und der Organisationsstruktur sowie den Organisationsmitgliedern hergestellt werden.

2 Vorgehen beim Geschäftsprozessmanagement

2.1 Projektzieldefinition

Ziele sind für das Planen, Kontrollieren und Steuern von Projekten im Rahmen des Geschäftsprozessmanagements unabdingbar. Sämtliche Projektmitarbeiter müssen die Projektziele verstehen, damit sie in Entscheidungssituationen zielgerichtet handeln können.

Das übergeordnete Projektziel beinhaltet zum einen das Leistungsziel, d. h. den eigentlichen Projektzweck wie eine Produktentwicklung, die Implementierung einer Service-orientierten Architektur (SOA) oder die Erstellung eines Unternehmensprozessmodells. Zum anderen müssen für das Projekt formale Zielgrößen wie Kosten und Zeiten festgelegt werden.

Während die Formalziele von Projekten zumeist identisch sind (Einhaltung des Kostenbudgets, minimale Projektlaufzeit), zeigen sich die Leistungsziele ausgesprochen facettenreich. So können beispielsweise Projekte zur Prozessmodellierung übergeordneten Projekten zur Einführung bzw. Weiterentwicklung des Prozessmanagements bzw. zur Verbesserung der Unternehmensperformance untergeordnet sein. Ihre Ziele können auf oberster Ebene in organisatorische und informationstechnische Ziele zusammengefasst werden. Typische Anwendungen der Prozessmodellierung innerhalb des

Geschäftsprozessmanagements finden sich z. B. in der Zertifizierung nach ISO 9000 ff., in der Compliance-gerechten Dokumentation der Geschäftsabläufe im Rahmen des Risikomanagements oder in der technischen Entwicklung von Unternehmenssoftware.

Ausgehend von den Leistungszielen des Projektes müssen Eckwerte für Termine und Kosten geplant und festgelegt werden. Für die Terminplanung ist der angestrebte Zeitpunkt für das Projektende zu ermitteln. In einer detaillierten Planung anhand der einzelnen Aktivitäten des Projektplans und der zur Verfügung stehenden Ressourcen müssen einzelne Ecktermine, so genannte Meilensteine, berechnet werden. Durch die detaillierte Planung von einzelnen Meilensteinen kann der Termin für das Projektende verifiziert bzw. falsifiziert werden. Wichtig für die Projektplanung ist die integrierte Betrachtung von Terminen und Ressourcen, da sonst keine realistischen Vorgaben für Meilensteine und das Projektende gegeben werden können. Bei Modellierungs- und Implementierungsprojekten ist insbesondere die zeitliche Verfügbarkeit von fachlichen Experten sicherzustellen. Es besteht zwar die Möglichkeit, diese gänzlich von ihren operativen Aufgaben zu befreien und ausschließlich für das Projekt einzusetzen, allerdings fehlen sie dann an anderen Stellen des Unternehmens. Dieses führt zu Konflikten, weil häufig die besten fachlichen Experten benötigt werden, die aber auch für das operative Geschäft unverzichtbar sind. Dieser terminliche Balanceakt der fachlichen Experten muss in die Projektplanung einfließen, die Unwägbarkeiten der terminlichen Planung sind danach durch zeitliche Puffer auszugleichen. Insbesondere ist für das Projekt und die Projektbeteiligten eine Aussage der Geschäftsleitung notwendig, ob entweder die Projekt- oder die operativen Aktivitäten bei einem terminlichen Konflikt zu priorisieren sind.

2.2 Projektmanagement

Viele Projekte leiden an einem zu knappen Zeitplan, was einerseits zu einer Einschränkung bei der Realisierung der Ziele führen kann, andererseits aber auch zu großem Stress bei den Mitgliedern des Projektteams. Die Probleme, Kosten und Verzögerungen sind insbesondere bei größeren Projekten sowohl in Firmen als auch Verwaltungen und militärischen Organisationen aufgrund der zahlreichen mit dem Projekt verknüpften Implikationen eine große Herausforderung für das Management. Tab. 2.1

Tab. 2.1. Kritische Erfolgsfaktoren im Projektmanagement

Kritische Erfolgsfaktoren	Anzahl der Nennungen
Managementunterstützung	39
Klare, realistische Ziele	31
Detaillierte und aktuelle Pläne	29
Kommunikation und Feedback	27
Benutzer-/Kundeneinbindung	24
Qualifiziertes Projektteam in ausreichender Anzahl	20
Effektives Änderungsmanagement	19
Kompetente Projektmanager	19
Valider Business Case	16
Hinreichende Ressourcen (Sachmittel)	16
Führungsstil	15
Geprüfte und beherrschte Technologie	14
Realistischer Zeitplan	14
Risikoverwaltung und -beurteilung	13
Projektsponsor / -champion	12
Effektive Überwachung / Kontrolle	12
Adäquates Budget	11
Organisatorische Anpassung / Kultur / Struktur	10
Zusammenarbeit mit Lieferanten / Partnern / Beratern	10

Quelle: [FoWi06, S. 55 f.]

fasst die wichtigsten kritischen Erfolgsfaktoren für ein erfolgreiches Projektmanagement zusammen.

Es ist Aufgabe des Projektleiters, einen Projektplan zu erstellen, der die auszuführenden Aufgaben (*Arbeitsplanung*), die geplanten Durchlaufzeiten dieser Aufgaben und ihre Fertigstellungstermine (*Terminplanung*) sowie die Kosten der einzelnen Arbeitspakete (*Kostenplanung*) umfasst. Daneben hat er den ungefähren Ressourcenbedarf (*Ressourcenplanung*) zu bestimmen. Strategische Vorgaben („am 1.10. des nächsten Jahres muss die prozessorientierte Aufbauorganisation eingeführt sein") und Projektzeitplan müssen aufeinander abgestimmt werden. Gegebenenfalls muss das Projektteam aufgestockt werden, um vorgegebene Termine einhalten zu können.

Die Anzahl der im Bereich Projektmanagement für verschiedene Aufgaben zur Verfügung gestellten Instrumente ist sehr groß und variiert von der eingesetzten Software. Netzplantechniken, um kritische Pfade, d.h. Flaschenhälse, bei der Einführung zu identifizieren, werden ebenso eingesetzt wie GANTT-Diagramme zur zeitlichen Spezifikation der Arbeitspläne. Abb. 2.1 listet exemplarisch Instrumente während des Projektablaufs auf.

Trotz Begeisterung von Geschäftsleitung und Projektteam für das Projekt muss der Enthusiasmus nicht von allen Mitarbeitern geteilt werden. Vor allem Veränderungen, die sich durch das Projekt ergeben können, werden in den Fachabteilungen schwerer akzeptiert. Auch der gefürchtete Verlust von Arbeitsplätzen und die vermeintliche Abgabe von Kompetenz sowie Furcht vor der Offenlegung der eigenen Arbeitsweise können dazu führen, dass Mitarbeiter dem Projekt nicht positiv gegenüber stehen. Hinzu kommen teilweise Berateraversionen, da Berater, seien Sie Außenstehende oder interne, beratende Fachexperten, als gewisse Bedrohung der eigenen Arbeitsweise angesehen werden.

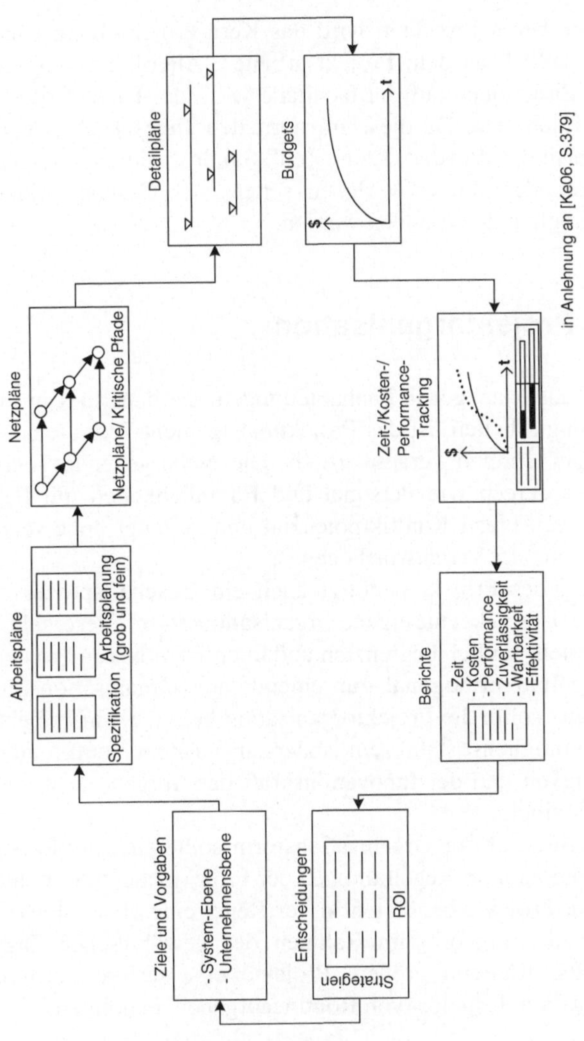

Abb. 2.1. Projektplanungs- und -kontrollinstrumente

In größeren Projekten wird das Kern-Projekt-Team nahezu ausschließlich an dem Projekt arbeiten. Allerdings wird es in vielen Situationen auf die fachliche Hilfe der Fachabteilungen angewiesen sein. Da diese im normalen Tagesgeschäft eingebunden sind, sollte das „Keine Zeit"-Syndrom durch zusätzliche Anreize oder aktives Vorleben seitens der Geschäftsführung größtmöglich unterbunden werden.

2.3 Projektorganisation

Anders als Manager in Fachabteilungen, die dauerhaft in ihrer Abteilung arbeiten, ist das Projektmanagement-Team temporär für einen Bereich verantwortlich. Die einhergehende Teilung von Ressourcen wie Personal und Räumlichkeiten mit Fachabteilungen bietet Konfliktpotenzial und verlangt hohe soziale Kompetenz der Verantwortlichen.

Wie jedes Projekt benötigt auch ein Geschäftsprozessmanagement-Projekt eine eigene Organisationsform. Diese steht bei einmaligen, zeitlich begrenzten und interdisziplinären Projekten im Regelfall orthogonal zur eigentlichen Organisationsform. Einerseits sollte die Projektorganisation bei längeren Projekten zeitlich möglichst stabil sein, anderseits aber auch aufgrund der Neuartigkeit und der Innovationskraft der Aufgabe auch möglichst flexibel.

Die Struktur der Organisationsform sollte sich bei Projektorganisationen im Regelfall nach der Projektbedeutung richten. Kleinere Projekte benötigen in der Regel eine eher schwächere Organisationsform im Rahmen des gewöhnlichen Tagesgeschäfts, während größere Projekte eine festere Form der Organisation, losgelöst von Routineaufgaben, benötigen.

2.3.1 Stab-Linien-Organisation

Im Regelfall werden nur kleinere Projekte in Stab-Linien-Organisation, d.h. ohne Aufbau einer für das Projekt zuständigen Organisation, durchgeführt. Es ist damit die schwächste Ausprägung der Organisationsgestaltung, da Mitarbeiter die Projektarbeit neben ihrem Tagesgeschäft tätigen. Die Stab-Linien-Organisation bedingt keine organisatorischen Umstellungen und ist aufgrund der Nutzung vorhandener Ressourcen kostengünstig. Der Projektleiter erhält keine formale Weisungsbefugnis, er ist vielmehr Projektkoordinator und für den korrekten sachlichen und terminlichen Ablauf der Projektaufgaben durch die Fachabteilungen verantwortlich. Als Stabsstelle kann er nicht

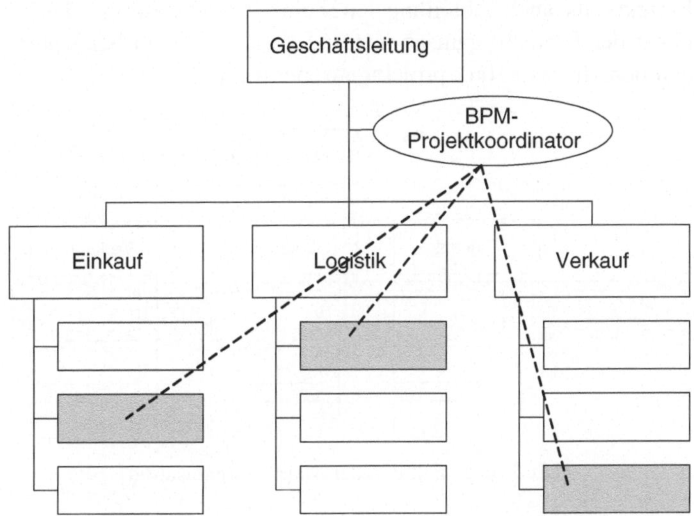

Abb. 2.2. Projekte in der Stab-Linien-Organisation

entscheiden, kann damit aber auch nicht für die Erreichung der Ziele verantwortlich gemacht werden (vgl. Abb. 2.2). Wegen der sachlich neutralen Arbeitsform ist die Identifikation der Projektbeteiligten mit dem Projekt eher gering.

2.3.2 Matrix-Organisation

Bei der Matrix-Organisation entsteht ein temporäres Mehrliniensystem, bei der für einzelne Organisationseinheiten zusätzliche projektbezogene Weisungsrechte erteilt werden (vgl. Abb. 2.3). Die Mitarbeiter entsprechender Abteilungen sind weiterhin in der Linienorganisation tätig, nehmen also auch weiterhin am Tagesgeschäft teil. Damit erhalten die Mitarbeiter sowohl vom Projekt- als auch Abteilungsleiter ihre Arbeitsaufträge. Diese Form der Projektorganisation findet sich vor allem bei Unternehmen, die sehr stark projektgetrieben sind.

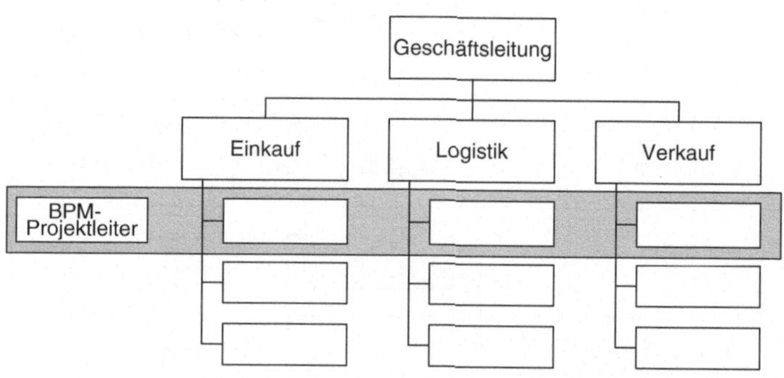

Abb. 2.3. Projekte in der Matrix-Organisation

Matrix-Organisationsformen sind die komplexeste Art der Projektorganisation. Die Koordinations-, Kollaborations- und Kommunikationsprobleme sind vielfältig. Dennoch ergeben sich auch beim Geschäftsprozessmanagement Situationen, wo diese Organisationsform am effizientesten sein kann. Insbesondere bei kurzfristiger Inanspruchnahme und dem Bedarf von sowohl interdisziplinärer fachlicher Kompetenz als auch zeitlich präzisem Projektteilabschluss kann diese Organisationsart sinnvoll sein.

2.3.3 Reine Projekt-Organisation

Die reine Projekt-Organisation wird für die Dauer des Projektes als eigene Abteilung betrieben (vgl. Abb. 2.4). Damit hat der Projektleiter vollständigen Zugriff auf alle Mitarbeiter innerhalb dieses Bereiches. Die Kommunikation ist aufgrund nur eines Vorgesetzten innerhalb der Abteilung deutlich besser als bei Matrix-Organisationsformen, birgt jedoch auch die Gefahr, dass die Kommunikation zu anderen Projekten leidet. Zwar erhöhen reine Projekt-Organisationsformen die Wahrscheinlichkeit eines zügigen Projektabschlusses, aber verringern gleichzeitig auch die Innovationskraft, da die fachliche Mitarbeit der Teammitglieder im Vorwege feststeht und nicht unterschiedliche Mitarbeiter wie in der Matrix-Organisation mit einzelnen Pro-

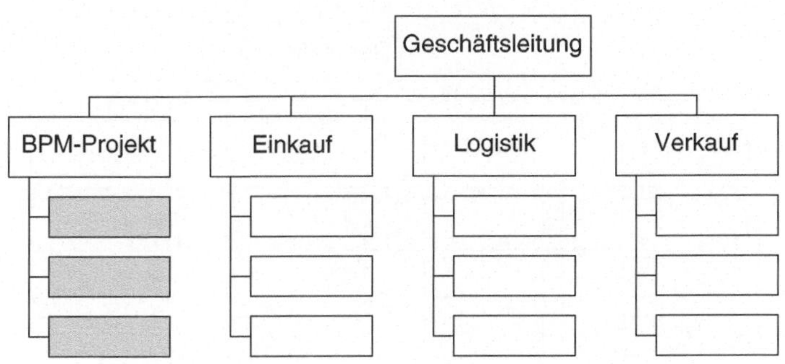

Abb. 2.4. Projekte in der reinen Projekt-Organisation

jektbereichen betraut werden. Auch ist die Flexibilität nicht so hoch wie bei einer Matrix-Organisation, da Mitarbeiter an die Projekt-Abteilung gebunden sind und bei wechselnden Anforderungen nicht schnell ausgetauscht und für das Kern-Tagesgeschäft der Firma freigestellt werden können. Darüber hinaus sind Mitarbeiter innerhalb des Projekts nach dessen Beendigung zunächst ohne feste Abteilungszuordnung. Sie müssen sich dann neu orientieren, was insbesondere bei größeren Firmen von höher gestellten Mitarbeitern als Karrierehemmnis gesehen wird.

2.3.4 Mischformen der Grundorganisationen

Innerhalb des Projektes kann es sinnvoll sein, Organisationsformen je nach Projektstatus zu wechseln, um zum einen die Nachteile der einzelnen Organisationsformen mildern und zum anderen je nach Fortschritt des Projektes unterschiedlich agieren zu können. Häufig werden Mischformen aus Matrix-Organisation und reiner Projekt-Organisation angewendet. Damit sollen die Vorteile beider Formen vereint werden. Dem Projektteam stehen damit zusätzlich Mitarbeiter aus den Fachabteilungen neben ihrer Tagesarbeit zur Verfügung (vgl. Abb. 2.5).

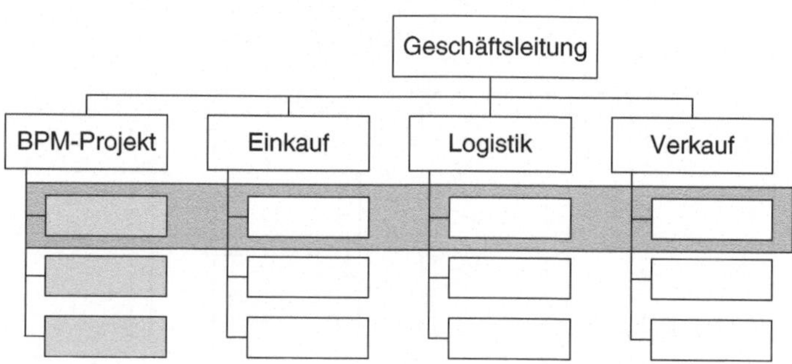

Abb. 2.5. Projekte in einer gemischten Organisationsform

2.4 Projektdurchführung

Jedes Projekt durchläuft einen mehrstufigen Zyklus mit entsprechend unterschiedlicher Arbeitsbelastung für das Projektteam. Vor allem während der Implementierung nimmt die Arbeitsintensität zu, um dann nach der Einführung abzuschwellen, so dass sich die Projektgruppe nach Projektabschluss wieder auflöst. Dabei geht das Projektmanagement stets den Spagat zwischen Qualität, Kosten und Zeit ein, da höhere Qualitätsanforderungen zu Lasten von Kosten und Zeit geht.

Ein Projekt im Rahmen des Geschäftsprozessmanagements beinhaltet typischerweise Phasen, die – je nach Ziel eines BPM-Projekts – leicht modifiziert durchlaufen werden. In der Vorstudie werden der Modellierungsgegenstand (‚was' soll modelliert werden, z. B. das gesamte Unternehmen oder ein Teilbereich wie die Logistik), die Perspektiven (‚wofür' soll modelliert werden, z. B. Zertifizierung, Softwareauswahl, Organisationsgestaltung) und die Modellierungsmethoden und -werkzeuge (‚wie' soll modelliert werden) festgelegt.

Als Startpunkt einer Top-Down-Startstrategie empfiehlt es sich, einen Ordnungsrahmen oder eine Prozesslandkarte aus der Unternehmensstrategie abzuleiten (vgl. Kapitel 3.2), um auf oberster Prozessebene die wesentlichen Unternehmensaufgaben als Navigationshilfe und -struktur zu bieten und damit einen Einstieg zum Ordnen und Auffinden von Modellen zu haben.

Im Rahmen der Ist-Modellierung/Ist-Analyse wird der aktuelle Stand der Abläufe erfasst. Die Ist-Modellierung dient nicht nur der Bestandsaufnahme, sondern hat auch den Zweck, das Projektteam und Mitglieder der Fachabteilung, die dem erweiterten Projektteam angehören, mit den Methoden und Werkzeugen des Geschäftsprozessmanagements vertraut zu machen. Durch die Ist-Analyse werden erkannte Schwachstellen aufgezeigt und Verbesserungspotenziale beschrieben.

Die Soll-Modellierung schließlich hat zur Aufgabe, die aufgezeigten Prozessoptimierungspotenziale aus der Ist-Analyse zu erschließen. Neue Abläufe werden entwickelt und modelliert. Gegebenenfalls sind mehrere Schritte aufzuführen, um vom Ist zum Soll zu gelangen, oder es wird explizit zwischen Soll- (dem, was unter den kurzfristig nicht aufhebbaren Restriktionen möglich ist) und Idealmodell (dem, was theoretisch am besten ist, sich aber nur mittel- bis langfristig realisieren lässt) unterschieden.

Ein wichtiger Schritt ist die Ableitung der Aufbauorganisation und des Potenzials für die IT-technische Unterstützung aus den Soll-Prozessmodellen. Eine konsequente prozessorientierte Restrukturierung darf nicht vor der Neugestaltung der aufbauorganisatorischen Strukturen haltmachen. Besondere Brisanz liegt in dieser Phase, da es hier um die Zuordnung von Aufgaben zu Stellen und damit um Macht und Einfluss geht.

In der Realisierungsphase geht es um die Umsetzung der erarbeiteten Prozesse und Verbesserungen, d. h. bei einem Organisationsprojekt der Änderung der Abläufe und der oft damit einhergehenden Änderung der Aufbauorganisation, bei einem Workflow-Projekt der Einführung des Workflowmanagementsystems in den zu unterstützenden Prozessen, bei einem Software-Entwicklungs-Projekt der Programmierung und Einführung der Software (sofern Individualentwicklung betrieben wird) bzw. der Anpassung (sog. Customizing) der Software und deren Einführung (sofern Standardsoftware zum Einsatz kommt).

Kontinuierliches Prozessmanagement hat abschließend die Prozessverbesserung selbst als Prozess zu begreifen, der zu einer integralen Aufgabe des operativen Managements wird und der nachhaltigen Sicherstellung der Wettbewerbsposition zu dienen hat.

2.5 Projektkontrolle

Ein BPM-Projekt kann sich über einen längeren Zeitraum hinziehen. Neben einem gut durchdachten Projektmanagement ist es daher unerlässlich, eine dauerhafte Projektkontrolle zu etablieren. Bei der Kontrolle und Überwachung der Projekte ist es nicht erstrebenswert, lediglich situationsbezogen nach subjektiven Verfahren den Erfolg zu kontrollieren. Insbesondere aufgrund der Interdisziplinarität und Integrität der Projekte sind laufende Überwachungen notwendig, um neben dem Ziel der Implementierung des Systems auch eigentliche Ziele, die mit Projekt verfolgt werden, zu erreichen.

Der Kontrollprozess sollte möglichst vollständig sein und neben der Realisierungskontrolle auch die Planungskontrolle umfassen. Abb. 2.6 zeigt die einzelnen Kontrollaufgaben der beiden Kontrollgebiete.

Die *Planungskontrolle* dient vor allem der Überprüfung des korrekten Verwaltungsbereichs des Projektmanagements. Zu prüfen ist, ob Aufwand, Kosten und Termine richtig eingeschätzt, dokumentiert und verrechnet wurden. Soll-/Ist-Vergleiche helfen dabei, auf Defizite und kritische Projektaspekte und -risiken aufmerksam zu machen.

Die *Realisierungskontrollen* sollten sowohl in der Fachkonzepts- als auch in der Implementierungsphase durchgeführt werden, was aber voraussetzt, dass klare Definitionen bzw. Festlegungen von Qualität, Leistung und Protokollierung vorliegen. Die Beseitigung eines erkannten Konzeptionsfehlers kann mitunter in der Implementierungsphase sehr teuer werden, während die Behebung in der Konzeptionsphase kaum Kosten verursacht.

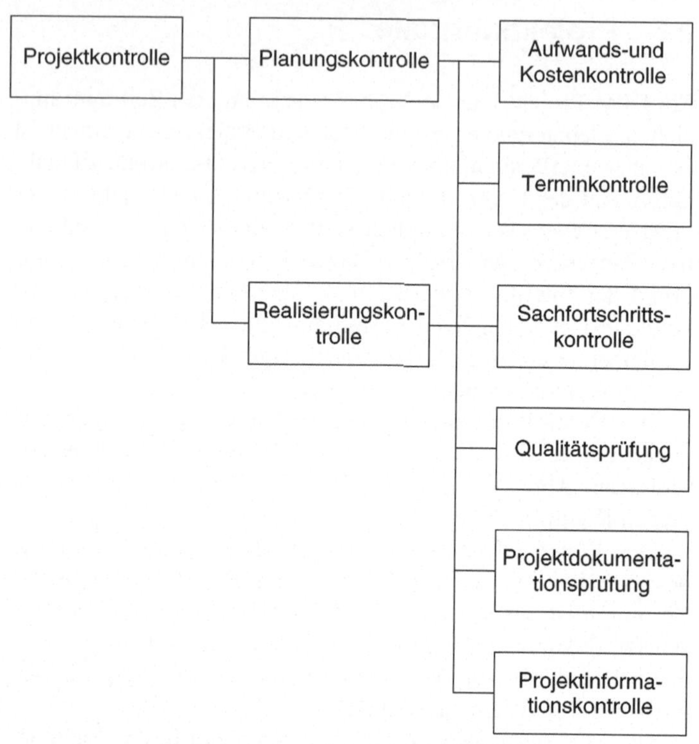

Abb. 2.6. Aufgaben des Kontrollprozesses

Im Rahmen der Sachfortschrittskontrolle innerhalb der Realisierungskontrolle werden Produkt- und Projektfortschritt gemessen. Dabei ist zu klären, wie sich Projektaufwand zu erbrachten Leistungen verhält und wie hoch der Zielerreichungsgrad ist. Eine Restschätzung gibt Aufwand und voraussichtliche Dauer für den noch folgenden Projektteil an. Die Qualitätskontrolle überprüft die Einhaltung entsprechender Qualitätsnormen und das Vorhandensein von Qualitätskonzepten, um anschließend

Zwischen- und Endprodukte freigeben zu können. Die Dokumentationskontrolle prüft Vorhandensein auf Vollständigkeit, Aktualität und Richtigkeit sowie Qualität der vorliegenden, phasen- und aufgabenbezogenen Dokumentation. Hierzu gehört auch das Einhalten von Dokumentationsnormen und Dokumentordnungssystemen. Die Projektinformationskontrolle beobachtet vor allem bei größeren Projekten den Informationsfluss, entsprechende Projektberichte sowie die Berichtshäufigkeit kritisch. Die angesprochenen Kontrollen sollten institutionalisiert und in einem Prüfplan zeitlich und organisatorisch als Audits, Projektreviews und Tests festgehalten werden. Dieses wird in den modernen SOA-Projekten der IT-technischen Umsetzung unter dem Stichwort der „Governance" geführt.

3 Formale Dokumentation von Geschäftsprozessen

3.1 Vorbereitung der Prozessmodellierung

Das Verhalten des realen Systems zu beschreiben ist die Aufgabe der Prozessmodellierung. Mit der Erstellung des Prozessmodells einer Unternehmung wird in einem beträchtlichen Zeitraum mit erheblichen Kosten ein Produkt geschaffen, welches besonderen Qualitätsansprüchen genügen muss. Bei der Modellierung ist daher darauf zu achten, dass alle beteiligten Akteure sich an einheitliche Standards halten. Ohne diesen Methodenstandard ist ein erfolgreiches Geschäftsprozessmanagement nicht möglich. Es empfiehlt sich darüber hinaus, zur besseren Visualisierung des Untersuchungsbereiches sowie zur Einordnung der erstellten Modelle einen Ordnungsrahmen zu entwickeln (vgl. Kapitel 3.2).

Mittlerweile existiert weltweit eine unüberschaubare Anzahl an Modellierungsmethoden. Allerdings gibt es keine allgemeingültige Modellierungsmethode, die für alle Unternehmen, Prozessmanagementziele und Anwendungsbereiche gleichermaßen gut anwendbar ist. Die Methode und ein daraus entstandenes Modell sind nur mehr oder weniger zweckmäßig. Häufig wird jedoch versucht, mit einer Modellierungsmethode eine Reihe von konträren Zielen zeitgleich zu erfüllen (beispielsweise allgemeine Prozessdokumentation und Formalisierung für die Einführung eines Workflowmanagementsystems sowie zur Entwicklung eines neuen Auftragsabwicklungssystems). Diese Zielpluralität kann jedoch schnell zu einer Überfrachtung des Projekts und damit zu dessen Scheitern führen. Daher ist es sinnvoll, sich im Vorwege intensiv mit einzelnen Modellierungsmethoden vor dem Hintergrund der Zielsetzung zu befassen. Hierzu ist es erforderlich, sich frühzeitig mit potenziellen Perspektivenvertretern auseinander zu setzen (neben diversen Fachexperten gehören hierzu auch Vertreter des Top-Managements, des Organisationsmanagements, Informationsmanagements, des Qualitätsmanagements, des Controllings, des Personalmanagements und des Betriebsrats). Wenngleich streng genommen erst die identifizierten Perspektiven bzw. Projektziele die Methoden- und Toolauswahl determinieren sollten, wird es sich in Praxis stets als ein iterativer Prozess darstellen, in dem es für viele Gespräche unabdingbar sein wird, zumindest beispielhaft Prozessmodelle in einer konkreten Methode zu präsentieren, um so den generellen Lösungsbeitrag von Prozessmodellen transparent darstellen zu können. Dabei gilt: Je leistungsfähiger und freier eine Modellierungssprache ist, desto aufwändiger gestaltet sich zumeist auch die Erfassung der Realweltsituation. Gerade in großen Modellierungsteams ist daher eine grundsätzlich Vorgabe von Rahmenbedingungen zur Modellierung notwendig (vgl. Kapitel 3.3). Dabei sind nicht in allen Projekten die Freiheitsgrade populärer Methoden zur Modellierung sinnvoll. Die PICTURE-Methode, die sich als Standard zur prozessorientierten Verwaltungsmodernisierung etabliert hat, dient als Beispiel für eine zielorientierte und somit aus Vereinfachungsgründe in der Anwendung restriktiven Modellierungssprache.

3.2 Entwicklung eines Ordnungsrahmens

Die Erkenntnisse aus der Analyse der Unternehmensstrategie und ihrer Auswirkung auf die organisatorische Struktur und Abläufe sollten so zusammengefasst werden, dass sie der Prozessmodellierung als Leitlinie dienen können. Dazu eignet sich im besonderen Maße das Konstrukt des Ordnungsrahmens.

Der aus Ordnung und Rahmen zusammengesetzte Begriff des Ordnungsrahmens leitet sich vom lateinischen Begriff „ordo" ab, was übersetzt für Ordnung, Rang, Reihe oder Stand steht. Rahmen steht hingegen für Stütze oder Gestell. Die Aufgabe des Ordnungsrahmens ist es, die Elemente eines Systems in eine Reihe, eine Rangordnung oder eine allgemeine Ordnung zu bringen. Er gliedert den betrachteten Ausschnitt der Realwelt auf abstrahiertem Niveau nach einem gewählten Strukturierungsparadigma und verdeutlicht so die Beziehungen zwischen den einzelnen Teilen des Rahmens. In der englischen (und von dort auch teilweise in die deutsche Literatur getragen) wird häufig synonym auch von Framework gesprochen.

Als Struktur gebendes Modell bietet der Ordnungsrahmen anders als der „natürliche" Ablauf im Unternehmen eine künstliche, willkürlich nach Kriterien geschaffene Ordnung. Er ist meist eine grafische Darstellung eines komplexen Prozesses in einem Unternehmen. Detailliertere (Teil-) Modelle werden zu Elementen des Ordnungsrahmens zusammengefasst und können somit leicht hierarchisiert werden. Auch Grenzen und Schnittstellen können im Ordnungsrahmen zwischen den Elementen in einem hinreichend abstrakten Ordnungsrahmen dargestellt werden. Somit bietet der Ordnungsrahmen einen guten Überblick über die Realität bzw. Modellwelt und ordnet einzelne Elemente und deren Beziehungen zueinander ein.

Ein Ordnungsrahmen für den Zweck der Prozessmodellierung systematisiert die Prozesse oberster Ebene, die Kernprozesse, in der Abfolge ihres Durchlaufs. Für die detailliertere Prozessmodellierung bietet der Ordnungsrahmen eine wichtige Orientierungshilfe bei der Analyse der zeitlichen Anordnung und der Betrachtung von Schnittstellen der untergeordneten Prozesse. Beispielsweise strukturiert der Ordnungsrahmen Handels-H (vgl. Abb. 3.1) als Kernprozesse des Handels Beschaffung (linke Seite des H), Absatz (rechte Seite) und Lager (Balken), sowie als Supportprozesse die betriebswirtschaftlich-administrativen Aufgaben der Haupt- und Anlagenbuchhaltung, Kostenrechnung und Personalwirtschaft (Basis) und als Koordinationsaufgaben die im Dach aufgeführten dispositiven Aufgaben. Jede abstrakte Funktion wie „Einkauf", „Lager", „Verkauf" lässt sich in feinere Prozessmodelle herunterbrechen.

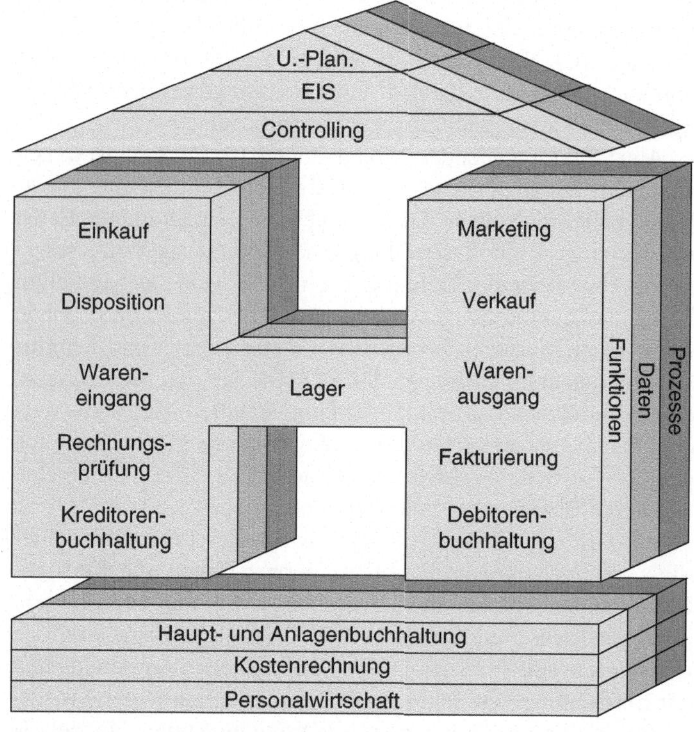

Abb. 3.1. Beispiel für einen Ordnungsrahmen: Handels-H-Modell

3.3 Grundsätze ordnungsmäßiger Modellierung (GoM)

Modelle, insbesondere Informationsmodelle für Anwendungssysteme, sind Ergebnis der Konstruktion eines Modellierers. Das Ergebnis ist dabei aber auch immer abhängig vom persönlichen Empfinden und verwendeter Modellierungssprache. Damit bei großen Geschäftsprozessmodellierungsprojekten, die nicht nur von einem einzigen Modellierer durchgeführt werden, nicht eine Vielzahl von Modellen entsteht, die untereinander nicht vergleichbar oder konsolidierbar sind, empfiehlt es sich, einheitliche Modellierungsstandards einzuhalten.

Bei den Grundsätzen ordnungsmäßiger Modellierung (GoM) handelt es sich, vergleichbar mit den Grundsätzen ordnungsmäßiger Buchführung, um Grundsätze, die bei der Modellierung beachtet werden sollten, um eine qualitätsgerechte und vergleichbare Modellerstellung zu erlauben. Um dies zu erreichen, müssen zum einen Ziele der Modellierung formuliert werden, um Aussagen über die Qualität der Modelle treffen zu können. Zum anderen müssen Modellierungskonventionen verabschiedet werden. In welchem Umfang eine Verbesserung der Qualität der Modelle durch diese Konventionen erreichbar ist, hängt von den Qualitätsmaßstäben eines Modells ab, welche durch die Ziele formuliert werden.

Mit Hilfe von sechs Grundsätzen werden durch die GoM Kriterien zur rationalen Modellbewertung aufgestellt. Diese werden in notwendige und ergänzende Grundsätze unterteilt (vgl. Abb. 3.2).

Der *Grundsatz der Richtigkeit* versucht die Frage zu beantworten, ob ein Modell richtig ist. Dabei ist zunächst zu klären, ob ein Modell syntaktisch richtig ist. Dies ist der Fall, wenn alle Regeln einer Modellierungssprache beachtet und umgesetzt wurden. Ein Modell ist somit konsistent, vollständig und eine vernünftige Aussage im Sinne der Modellierungssprache. Der Fokus liegt hier nur auf der formalen Korrektheit. Während formale Richtigkeit (teilweise automatisiert) zweifelsfrei überprüft werden kann, ergibt sich die semantische Richtigkeit durch Einigung der Projektbeteiligten. Wenn sich die „Gutwilligen und Sachkundigen im Diskurs" (wie die Philosophen Kamlah und Lorenzen es nennen) darauf verständigen, dass ein Sachverhalt im Modell zutreffend wiedergegeben ist, soll dieses als richtig gelten. Ein Modell muss also sowohl das, was der Modellersteller intendiert hat, repräsentieren als auch für den Modellnutzer von hoher Qualität sein. Ein Modell muss somit in Bezug zur Modellierungssprache und ebenfalls in Bezug zum Sachverhalt richtig sein.

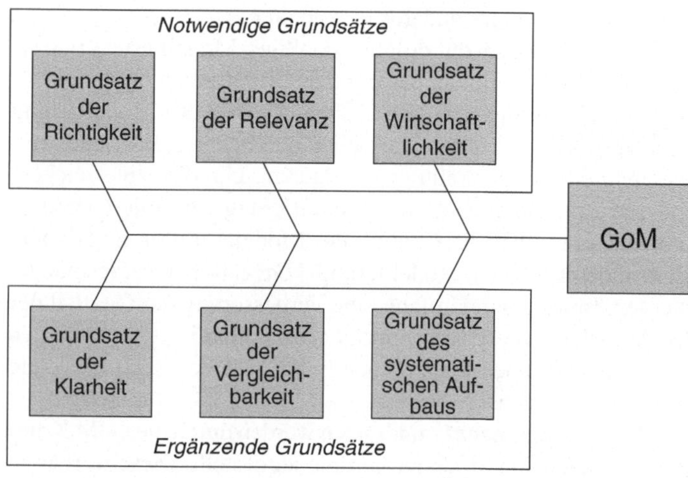

Abb. 3.2. Grundsätze ordnungsmäßiger Modellierung

Mit dem *Grundsatz der Relevanz* soll ausgedrückt werden, dass nur solche Sachverhalte modelliert werden sollen, die für den Zweck der Modellierung relevant sind. Um dies zu beurteilen, ist eine vorherige Formulierung der Modellierungszeile unerlässlich. Anhand dieser Ziele kann das Niveau der Abstraktion eines Modells festgelegt werden. Je nach Zielgruppe des Modells kann es also notwendig sein, hier Anpassungen vorzunehmen. Damit ein Modell diesen Grundsatz erfüllt, muss es aus zwei Perspektiven betrachtet werden. Zunächst ist die Frage zu beantworten, ob alle relevanten Bestandteile des Originals modelliert sind. Es soll also nichts in der Realwelt geben, was als zweckdienlich definiert worden ist und nicht im Modell vorhanden ist. Diese Perspektive wird externe Minimalität genannt. Mit der zweiten Perspektive, der internen Minimalität, soll erreicht werden, dass es keine Elemente im Modell gibt, die nicht ein entsprechendes Pendant in der Realwelt haben.

Wirtschaftliches Handeln ist die Basis für alle unternehmerischen Aktivitäten. Daher muss auch bei der Modellierung von Geschäftsprozessen der *Grundsatz der Wirtschaftlichkeit* beachtet werden. In diesem Zusammenhang bedeutet Wirtschaftlichkeit, dass sowohl Modellerstellung als auch die Nutzung möglichst kosteneffizient ablaufen sollten. Um dies zu erreichen ist besonders die Wahl einer geeigneten Modellierungssprache wichtig. Hierbei kommt es neben den Sprachkenntnissen des Modellierers vor allem auf den Nutzer der Modelle an. Modellierung ist kein Selbstzweck und die erstellten Modelle sollen später effektiv und effizient genutzt werden. Daher muss es vor allem für den Nutzer einfach sein, seine Ziele mit Hilfe des Modells zu erreichen. Ein Hilfsmittel stellt z. B. die Nutzung von vorhandenen Referenzmodellen dar. Ein Referenzmodell hat eine gewisse Allgemeingültigkeit für einen bestimmten Sektor (z. B. Handel, Industrie, Bankendienstleistungen), eine bestimmte Branche (z. B. Stahlindustrie, Ölindustrie, Stückgutindustrie) oder eine betriebliche Funktion (z. B. Finanzbuchhaltung, Produktionsplanung, Warenwirtschaft). Sie können als Ausgangspunkt genommen werden, da sie bereits entsprechende optimierte Prozesse in den jeweiligen Bereichen darstellen. Dem Modellierer wird somit ein bestimmter Rahmen vorgegeben, den er nur noch an die unternehmensindividuellen Bedürfnisse anpassen muss.

Intention des *Grundsatz der Klarheit* ist, dass ein Modell ohne große Schwierigkeiten lesbar sein muss. Die Verständlichkeit von Modellen sowie leichte Lesbarkeit und Anschaulichkeit stehen im Vordergrund und sorgen für eine Erhöhung der Übersichtlichkeit. Hierbei können Struktur gebende Ordnungsrahmen eingesetzt werden, die alle vorhandenen Prozessmodelle in einen Zusammenhang bringen.

Der *Grundsatz der Vergleichbarkeit* drückt aus, dass ein gleicher Sachverhalt, der in unterschiedlichen Modellen abgebildet wird, immer zum gleichen Ergebnis der Modellierung führen sollte und somit auch zu vergleichbaren Modellen. Dies ist z. B. der Fall, wenn ein Sachverhalt, der sowohl mit einer Ereignisgesteuerten Prozesskette als auch mit einem Petri-Netz zur gleichen Erkenntnis führt. Beide Modelle müssen vergleichbar sein.

Mit dem *Grundsatz des systematischen Aufbaus* soll sicher gestellt werden, dass Elemente nicht beliebig angeordnet werden. Vielmehr müssen sie einen gewissen Zusammenhang in der Struktur aufweisen. Auch sichtenübergreifende Systematik ist zu fordern. Ein Beispiel für einen strukturierenden Rahmen stellt das ARIS-Haus dar, in dem an ein Prozessmodell annotierte Organisationseinheiten denjenigen entsprechen, die im Organisationsmodell hinterlegt sind.

Abschließend ist zu beachten, dass die sechs Grundsätze nicht unabhängig voneinander zu betrachten sind. So wirkt z. B. der Grundsatz der Wirtschaftlichkeit restriktiv auf die anderen Grundsätze.

Die hier genannten Grundsätze sollten nicht nur auf dieser generischen Ebene diskutiert, sondern abhängig vom Modellierungsgegenstand sichtenspezifisch konkretisiert werden. Diese projektspezifisch aufzustellenden Modellierungskonventionen sollen eine einheitliche Verwendung der herangezogenen Modellierungstechniken gewährleisten und durch die Reduktion der möglichen Varietät in der Modellausgestaltung die Modellqualität erhöhen. Die explizite Vorgabe von Modellierungskonventionen reduziert die Unsicherheit bei den Methodenexperten in den Fällen, in denen Freiheitsgrade bestehen (z. B. Verwendung unterschiedlicher Modellierungssymbole oder Fachbegriffe). Dadurch werden der Modellierungsprozess beschleunigt und die Anzahl an nachträglichen Modellanpassungen vermindert. Da viele, insbesondere für die Zwecke der prozessorientierten Reorganisation eingesetzte Prozessmodellierungstechniken aber vergleichsweise einfache Notationsregeln enthalten, werden die meisten Konventionen für Prozessmodelle auch Regeln zur korrekten Nutzung der Modellierungstechnik (z. B. Festlegung der zu verwendenden Objekt- und Beziehungstypen) enthalten.

3.4 Modellierungsmethoden

3.4.1 Ereignisgesteuerte Prozessketten (EPK)

Die Methode der Ereignisgesteuerten Prozessketten (EPK) hat wohl die größte Verbreitung aller Konzepte zur Prozessmodellierung gefunden. Sie wurde aufbauend auf Petri-Netzen entwickelt, jedoch nach und nach um neue Symbole und Semantik erweitert, so dass sie heute als erweiterte Ereignisgesteuerte Prozessketten (eEPK) verwendet wird, auch wenn der Begriff „EPK“ heute synonym zu „eEPK“ steht.

Die Ereignisgesteuerte Prozessketten ist eine semi-formale Modellierungssprache und dient zur fachkonzeptionellen Modellierung von Prozessen. Durch das Aneinanderreihen von Funktionen und Ereignissen lassen sich komplexe Abläufe bilden, die zusammengenommen die Abfolge der Funktionen zur Bearbeitung eines betriebswirtschaftlichen Objektes darstellen. In Abb. 3.3 ist ein stark vereinfachtes Prozessmodell der Auftragsbearbeitung als einführendes Beispiel zu sehen. Das Ereignis „Auftrag ist angenommen“ startet den gesamten Prozess. Nachdem die Funktion „Auftrag erfassen“ erfolgreich ausgeführt wurde, verzweigt sich der Prozess. Es müssen parallel, aber nicht notwendigerweise gleichzeitig, eine Auftragsbestätigung versendet werden und der Auftrag weitergeleitet werden.

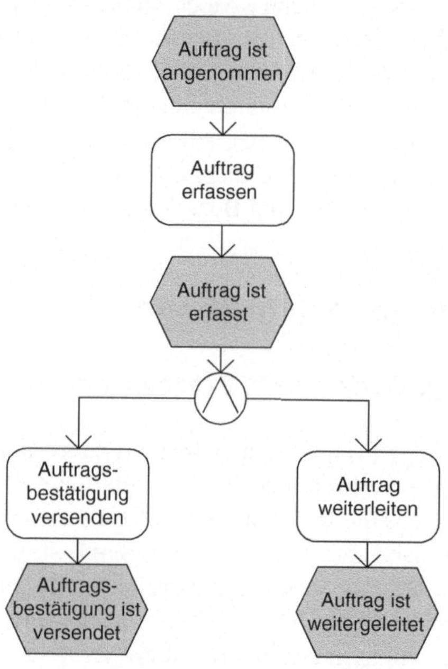

Abb. 3.3. Einführendes EPK-Beispiel

Die Prozessmodellierung ist jedoch nur dann hilfreich, wenn die vorher modellierten Organisationseinheiten, Datenelemente und Funktionen in einem Modell zusammengeführt werden. Aufgrund der Trennung der Sichten auf betriebliche

Informationssysteme erfüllen EPKs somit u. a. die Aufgabe der Sichtenintegration. Dies wird im Haus von ARIS (Abb. 3.4) dargestellt. Das Akronym ARIS steht dabei für Architektur integrierter Informationssysteme und ist eine methodenorientierte Architektur zur Beschreibung von Unternehmen und deren Anwendungssystemen. Der Geschäftsprozess steht dabei im Mittelpunkt der Überlegung. Durch die Bildung verschiedener Sichten soll die Komplexität von Unternehmen und Anwendungssystem reduziert werden. Die ARIS enthält die vier Sichten Organisationssicht, Datensicht, Funktionssicht und Prozesssicht. Welche Organisationseinheiten existieren, lässt sich aus der Organisationssicht ablesen. Die Frage, welche Informationen relevant sind, beantwortet die Datensicht. In der Funktionssicht werden alle durchzuführenden Funktionen und ihre Unterfunktionen erläutert. Die Prozesssicht vereint all diese Perspektiven und stellt somit einen Zusammenhang zwischen Daten-, Funktions- und Organisations-Einheiten dar. Jede der vier Sichten wird unterteilt in drei Ebenen, die sich in der Nähe zur Informationstechnik unterscheiden. Das Fachkonzept bildet die betriebliche Realität unter Verwendung semi-formaler Beschreibungsmethoden modellhaft ab. Das DV-Konzept bezieht DV-Spezifika ein und die Implementierung überträgt die Modelle auf ein konkretes System. Ereignisgesteuerte Prozessketten lassen sich somit in der Prozesssicht auf Fachkonzept-Ebene ansiedeln und bildet die durch die Sichtenbildung verlorenen Zusammenhänge in einer eigenen Darstellung redundanzfrei ab.

Zur Modellierung von Prozessen mit Ereignisgesteuerten Prozessketten sind diese zunächst zu identifizieren. Dies stellt sich meist als problematisch heraus, da z. B. Mitarbeiter nur ungenaue Angaben über ihre Arbeit machen, da sie Angst haben, ihren Arbeitsplatz zu verlieren. Bei der Identifikation hilft die Tatsache, dass ein Prozess immer durch ein Ereignis initialisiert wird. Im betriebswirtschaftlichen Kontext stellen sie ablaufrelevante Um-

Abb. 3.4. Architektur integrierter Informationssysteme (ARIS)

weltzustände dar, auf die durch bestimmte Aktionen (Funktionen) reagiert wird. Das Ereignis kann von innen oder von außen kommen, es stößt aber in jedem Falle eine Funktion an. Ereignisse sind somit zeitpunktbezogen definiert, wohingegen Funktionen zeitraumbezogen erklärt sind. Bei der Durchführung von Funktionen werden einzelne oder mehrere Objekte (z. B. Belege oder Aufträge) bearbeitet und häufig dabei Ressourcen beansprucht. Die Bearbeitung führt zu einer Zustandsänderung am Objekt. Der neue Zustand ist das Ergebnis des Prozesses, welches wiederum als Startereignis eines anderen Prozesses dienen kann.

Zur Modellierung dieser Prozesse mit Ereignisgesteuerten Prozessketten, sollen hier die benötigten Basis-Elemente und die Syntax zunächst vorgestellt werden. Zur Abbildung der Ablauforganisation in einem Unternehmen verwendet die EPK ursprünglich nur zwei Elemente: Funktionen und Ereignisse.

Diese werden über einen Kontrollfluss miteinander verbunden, wobei auf ein Ereignis nur eine Funktion folgen darf und umgekehrt. Zur Darstellung von Prozessverzweigungen und parallelen Vorgängen sind die drei Konnektoren „Und“, „Inklusives Oder“ und „Exklusives Oder“ vorgesehen. Eine Übersicht über die Basis-Elemente verschafft Abb. 3.5.

Abb. 3.5. Basis-Elemente der Ereignisgesteuerten Prozesskette

Das Element Ereignis beschreibt das Eingetretensein eines Zustands, der eine Folge von Funktionen auslösen kann (z. B. „Auftrag ist angenommen“). Es ist eine passive Komponente, da es nicht entscheiden kann, welche Aktivität als nächstes ausgeführt werden muss. Aus diesem Grund darf nach einem Ereignis weder ein Inklusives noch ein Exklusives Oder folgen (vgl. Abb. 3.6:). Dies gilt auch für den Fall, dass zwischen Ereignis und den Oder-Konnektoren Und-Konnektoren vorhanden sind. Jeder Prozess beginnt und endet mit mindestens einem Ereignis. Neben diesen Start- und Endereignissen folgt, wie bereits erwähnt, auf jede Funktion ein Ereignis und umgekehrt. Ereignisse sind somit Auslöser und Ergebnisse von Funktionen.

Eine Funktion (Aktivität) ist die konsistente Transformation eines Input- in ein Outputdatum und hat einen Bezug zu den Sachzielen der Unternehmung (z. B. „Auftrag erfassen“). Sie bilden die aktive Komponente einer EPK.

Ereignisse und Funktion werden durch den Kontrollfluss verbunden. Dieser gibt den zeitlich-sachlogischen Ablauf wieder,

d. h. er dokumentiert die Reihenfolge der Elemente. Der Kontrollfluss kann durch die folgenden Konnektoren getrennt oder zusammengeführt werden:

- Und
- Inklusives Oder: entweder a oder b, oder a und b
- Exklusives Oder: entweder a oder b, aber nicht beide

Mit den drei Basis-Konnektoren ist es möglich, komplexe Bedingungen darzustellen. Eine Übersicht über zulässige Verknüpfungen liefert Abb. 3.6 und Abb. 3.7 in ist ein Beispiel für eine kombinierte Verknüpfungsregel zu sehen.

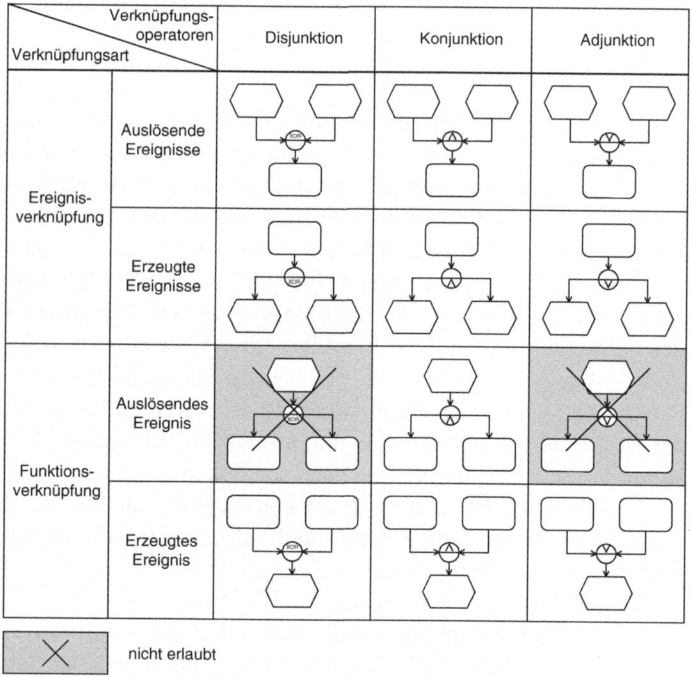

Verknüpfungsart \ Verknüpfungs-operatoren		Disjunktion	Konjunktion	Adjunktion
Ereignis-verknüpfung	Auslösende Ereignisse	XOR	∧	∨
	Erzeugte Ereignisse	XOR	∧	∨
Funktions-verknüpfung	Auslösendes Ereignis	XOR (nicht erlaubt)	∧	∨ (nicht erlaubt)
	Erzeugtes Ereignis	XOR	∧	∨

X nicht erlaubt

Abb. 3.6. Zulässige Verknüpfungsoperatoren

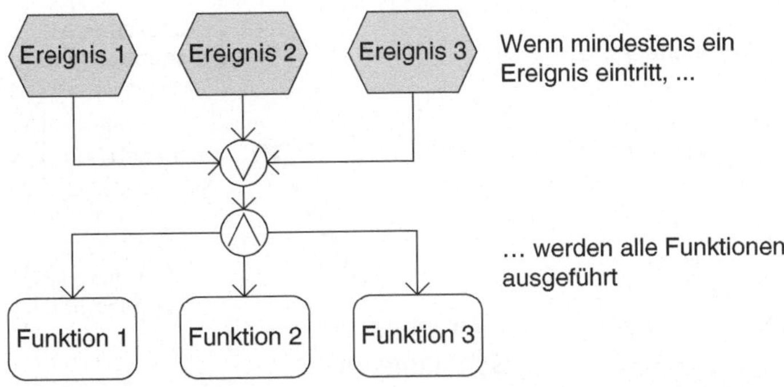

Abb. 3.7. Kombinierte Verknüpfungsregeln

Nicht alle Geschäftsprozesse sollten in einem einzigen Prozessmodell modelliert werden. Dies würde dazu führen, dass eine unübersichtliche Ansammlung von mehreren Tausend Funktionen und Ereignissen den Betrachter mehr verwirren als helfen würde und eine Optimierung der Prozesse nicht möglich ist. Aus diesem Grund wurden die Ereignisgesteuerten Prozessketten um weitere Elemente erweitert.

Die Erweiterung bestand u. a. darin, den Gesamtprozess in Teilprozesse zu untergliedern. Dies hat den Vorteil, dass je nach Aggregationsstufe ein für den Betrachter sinnvoller Ausschnitt aus dem Modell zur Verfügung steht. Dabei kann die Untergliederung sowohl horizontal als auch vertikal erfolgen. Bei der horizontalen Segmentierung befinden sich alle Modelle auf der gleichen inhaltlichen Ebene. In der Abb. 3.8 ist dafür ein Beispiel, welches zur Teilung der Prozesse eine so genannte Prozess-Schnittstelle verwendet.

Dabei ist darauf zu achten, dass das letzte Ereignis des Vorgänger-Prozesses (hier: „Auftrag ist angenommen“) das Startereignis des Nachfolge-Prozesses ist. Die Prozess-Schnittstelle selbst stellt weder Funktion noch Ereignis dar und kann daher nicht alleine genutzt werden.

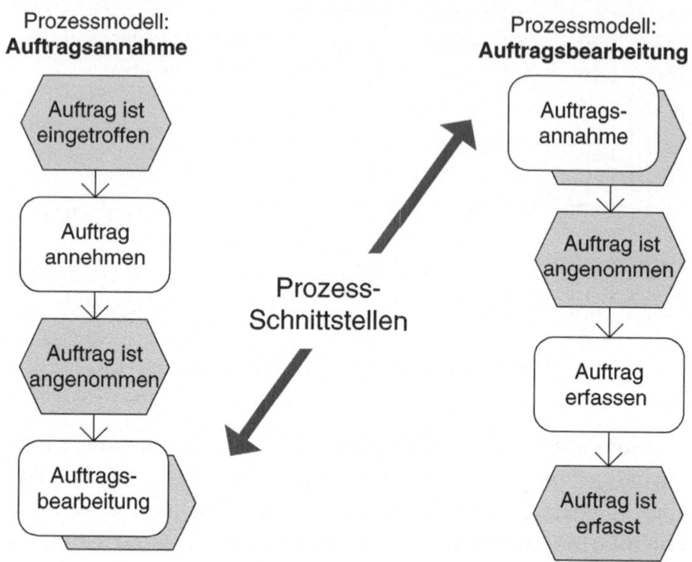

Abb. 3.8. Prozess-Schnittstelle zur horizontalen Segmentierung

Zwar ist es nun mit Hilfe der Prozess-Schnittstelle möglich, die Geschäftsprozesse in logische Teilprozesse zu untergliedern, der Modellnutzer hat jedoch noch nicht die Möglichkeiten, in das Modell „hineinzuschauen". Ein Zoom auf eine inhaltlich tiefere oder höhere Ebene ist mit einem weiteren Element der eEPK möglich, der Prozess-Verfeinerung (vgl. Abb. 3.9). Einer Funktion wird auf diese Weise ein ganzes Modell hinterlegt. Bei der Modellierung gilt es zu beachten, dass in der verfeinerten EPK die Startereignisse den vorhergehenden Ereignissen der zu verfeinernden Funktion entsprechen. Gleiches gilt für Endereignisse der Verfeinerung und nachfolgenden Ereignisse der Funktion.

Da mit Ereignisgesteuerten Prozessketten nicht nur die Geschäftsprozesse selbst dargestellt werden sollen, sondern auch

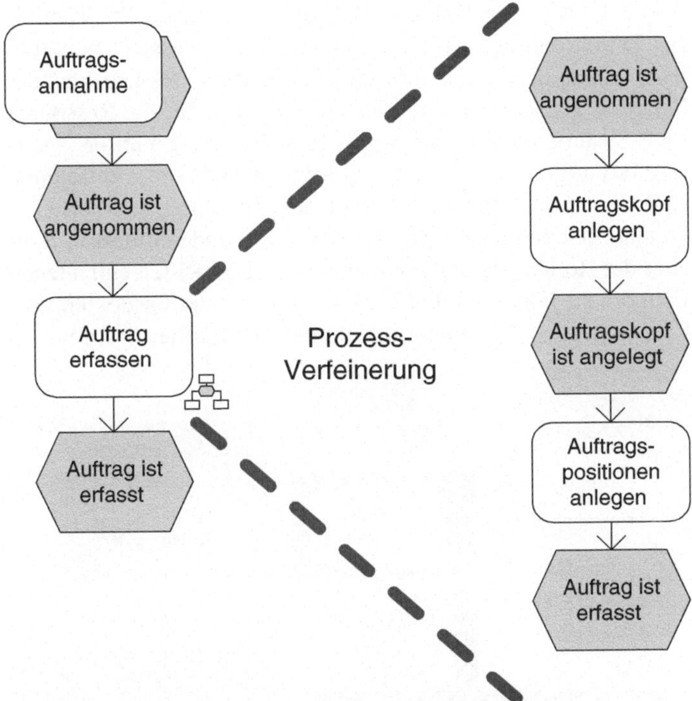

Abb. 3.9. Prozess-Verfeinerung zur vertikalen Segmentierung

mit den Prozessen verbundene Objekte und Mitarbeiter, ist es notwendig, diese als weitere Elemente der EPK an diese anzuhängen. Die Sichtenbildung des ARIS-Hauses macht eine spätere Integration der verschiedenen Sichten auf Unternehmen und Anwendungssystem notwendig. Diese Integration leistet die EPK dadurch, dass Informationsobjekte, Organisationseinheiten und Ressourcen an entsprechende Funktionen angehängt werden. Ein Beispiel für eine solche Sichtenintegration ist in

Abb. 3.10 zu finden. Dabei wird das Informationsobjekt „Kunde" zur Durchführung der Funktion „Auftrag erfassen" benötigt, wohingegen das Informationsobjekt „Auftrag" als Ergebnis der Funktion gespeichert wird. Gleichzeitig wird für die Ressource ERP-System zur Bearbeitung gebraucht. Die Funktion „Auftragsbestätigung versenden" wird von der Organisationseinheit Call-Center durchgeführt. Hierbei ist zu beachten, dass von konkreten Personen abstrahiert werden sollte und stattdessen Stellen oder Rollen genannt werden sollten. Die beiden enthaltenen Funktionen können außerdem in einem Funktionsdekompositionsdiagramm der Funktionssicht weiter detailliert werden.

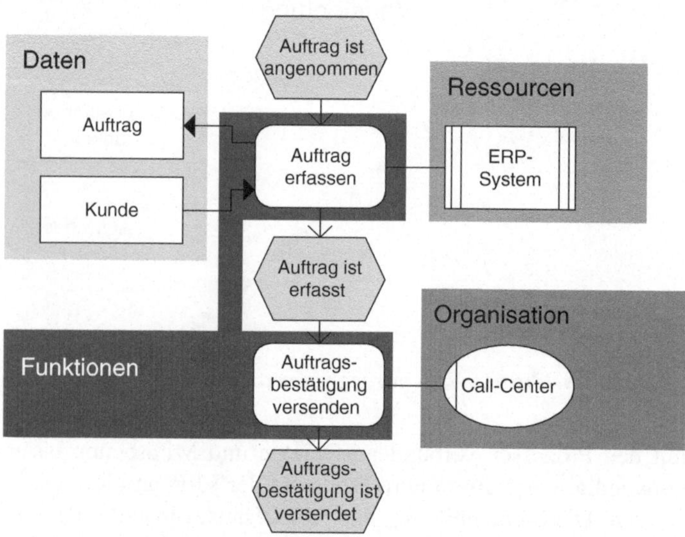

Abb. 3.10. Sichtenintegration der EPK

Die Elemente zur Erweiterung der EPK sind in der Tab. 3.1 zu finden. Es gibt darüber hinaus zahlreiche zusätzliche Symbole und Darstellungsvariationen.

Tab. 3.1. Ausgewählte Elemente der erweiterten EPK

Element	Bedeutung
[...]	Organisationseinheit *Welche Person (Personenkreis) führt eine Funktion aus?*
[...]	Stelle *Beschreibung der Tätigkeit, die eine Person ausführt*
[...]	Rolle *Menge von Aufgabentypen, die durch den Rolleninhaber zu erledigen ist*
[...] ext	Person extern *Welche externen Geschäftspartner sind am Prozess beteiligt, z. B. Kunde oder Lieferant?*
[...]	Text oder Dokument *Welche schriftlichen Unterlagen sind eingebunden?*
[...]	Anwendungssystem *Welches System wird für die Durchführung benötigt?*
[...] FB	Input- bzw. Outputobjekte (Fachbegriffe) *Welche Dokumente, Daten etc. sind für die Bearbeitung einer Funktion notwendig bzw. Ergebnis der Bearbeitung?*
—	Nicht gerichtete Zuordnungskante
⟶	Gerichtete Zuordnungskante

Als Beispiel für einen zusätzlichen Konnektor sei hier der Sequenz-Operator aufgeführt. Zwar bringt er keine wirklich neue Funktionalität mit sich, er könnte also auch mit vorhandenen Elementen ausgedrückt werden, jedoch erhöht er deutlich die Übersichtlichkeit eines Modells. In Abb. 3.11 und Abb. 3.12 ist dafür ein Beispiel aufgeführt. Man beachte hierbei, dass aus Gründen der Übersichtlichkeit die Trivialereignisse vor und nach Funktionen weggelassen wurden. Bei Trivialereignissen handelt es sich um Ereignisse, die meist aus Gründen der Übersichtlichkeit, weggelassen werden könnten. z. B. das Ereignis „Auftrag ist erfasst“ nach der Funktion „Auftrag erfassen“. Möchte der Modellierer eine Sequenz von drei Funktionen A, B und C ausdrücken, d. h. die Funktionen sollen alle in einer willkürlichen Reihenfolge ausgeführt werden, so hat er die Möglichkeit, dies wie in Abb. 3.11 dargestellt, zu tun. Man erkennt leicht, dass so eine Vorgehensweise sehr unübersichtlich ist und leicht zu Fehlern führen kann.

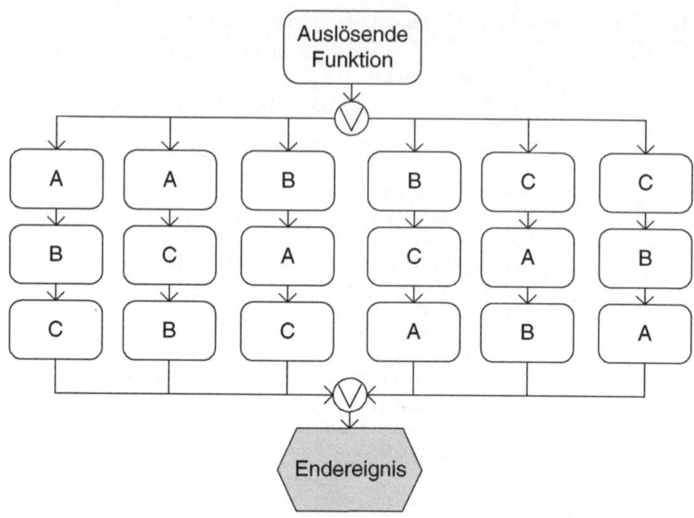

Abb. 3.11. Darstellung einer Sequenz mit den Basis-Elementen

Einfacher ist die Darstellung mit Hilfe des Sequenz (SEQ)-Konnektors. Dieser erlaubt eine übersichtlichere Illustration des gleichen Sachverhaltes (vgl. Abb. 3.12).

Als letztes Beispiel soll die Spaltendarstellung aufgeführt werden, die als Darstellungsvariation verstanden werden kann. Normalerweise werden Ereignisgesteuerte Prozessketten von oben nach unten gezeichnet, wobei Ereignisse und Funktionen über- bzw. untereinander stehen. Bei der Spaltendarstellung wird die Zeichenfläche in Spalten unterteilt (vgl. Abb. 3.13). Organisationseinheiten und Anwendungssysteme werden übersichtlich dargestellt, da pro Spalte nur eine Organisationseinheit bzw. ein Anwendungssystem gezeichnet wird. Der Wunsch der Praxis durch eine Verkürzung der Prozesse, in dem Funktionen direkt verbunden werden dürfen, führt dazu, dass EPKs nicht mehr zwangsweise eine bipartite Eigenschaft haben. Ereignisse, die

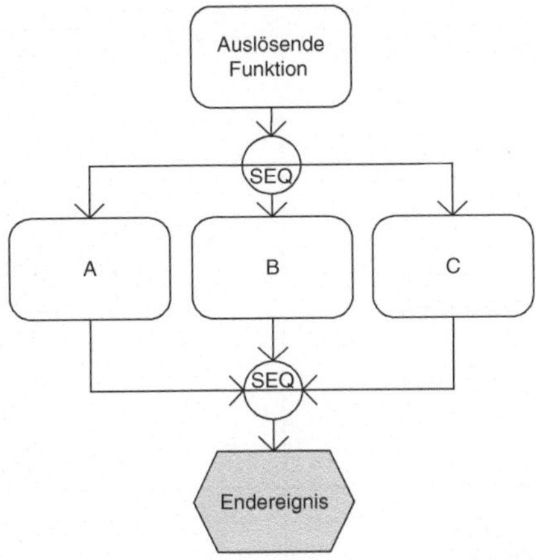

Abb. 3.12. Der Sequenz-Konnektor zur Vereinfachung einer EPK

auf diese Weise nicht modelliert werden, heißen Trivialereignisse. Für die Kanten wurden ebenfalls neue Modellierungsregeln entwickelt: Innerhalb einer Organisationseinheiten verlaufen sie von der Unterseite eines Elementes an die Oberseite des Anderen, über Organisationseinheiten hinaus von einer Seite zur anderen Seite.

Damit Ereignisgesteuerte Prozessketten nicht mit der Hand gezeichnet werden müssen, gibt es eine Reihe von Modellierungsprogrammen für den Computer. Grundsätzlich ist es möglich, eine EPK mit Hilfe von Programmen wie z. B. Microsoft Visio zu zeichnen. Die Benutzung einfacher Visualisierungs- und Modellierungstools hat jedoch einen entscheidenden Nachteil: Bei großen Modellierungsprojekten mit vielen einzelnen Prozessmodellen werden redundant angelegte Elemente nicht erkannt. Dies führt z. B. dazu, dass bei einer Änderung an einer Funktion diese in allen anderen Modellen manuell geändert werden muss.

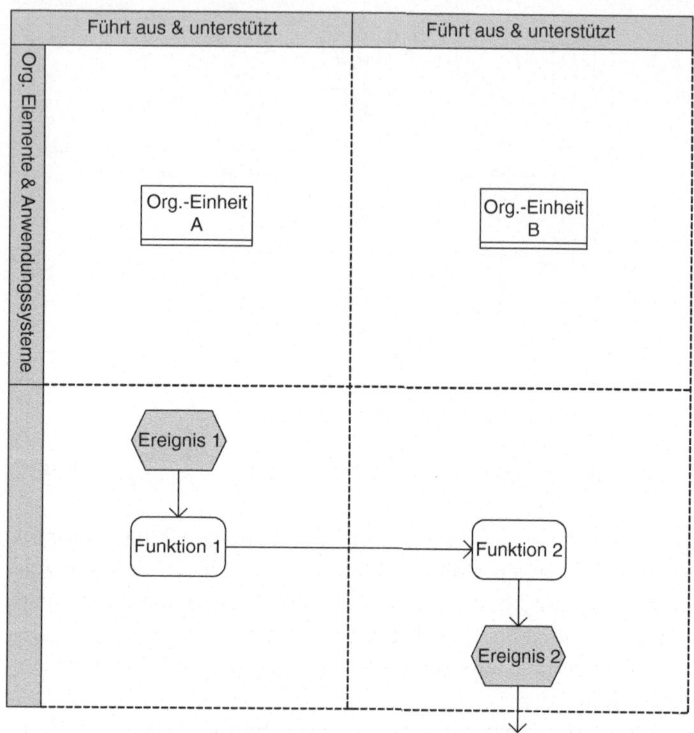

Abb. 3.13. EPK in Spaltendarstellung

Daher empfiehlt es sich zur Modellierung der Geschäftsprozesse entsprechende Produkte wie z. B. das ARIS-Toolset einzusetzen. Diese Programme haben den großen Vorteil, dass Objekte genau einmal einheitlich definiert werden. Wird ein Element geändert (z. B. durch Umbenennung), so werden automatisch alle weiteren gleichen Elemente in den anderen Modellen aktualisiert. Mächtige Zusatzfunktionen wie Auswertungs- und Veröffentlichungswerkzeuge sind ebenfalls enthalten.

Zusammenfassend lassen sich folgende Syntaxregeln für Ereignisgesteuerte Prozessketten ableiten:

(1) Es existieren Ereignisse und Funktionen, diese sind über Kontrollflüsse miteinander verbunden.
(2) EPKs sind bipartite Graphen: Auf ein Ereignis muss eine Funktion folgen und auf eine Funktion ein Ereignis.
(3) EPKs sind zusammenhängende Graphen: Alle Knoten müssen über Pfade (Kanten) von jedem beliebigen Knoten aus erreicht werden.
(4) Für Funktionen kann ein verfeinertes Prozessmodell hinterlegt sein.
(5) Es gibt Prozess-Schnittstellen – diese treten entweder vor einem Startereignis oder nach einem Endereignis ein.
(6) Kontrollflüsse sind gerichtete Kanten, die von oben nach unten verlaufen und somit den Zeitablauf widerspiegeln.
(7) Funktionen können weitere Informationsobjekte hinzugefügt werden.
(8) Kontrollflüsse können durch Konnektoren („Und", „Inklusives Oder" und „Exklusives Oder") geteilt und zusammengeführt werden.
(9) Nach einem Ereignis darf kein verzweigendes „Exklusives Oder" auftreten – auch dann nicht, wenn zwischen dem letzten Ereignis und dem Exklusiven Oder" nur Konnektoren liegen (und keine Funktion).

3.4.2 Unified Modeling Language (UML)

Seit den Anfängen der objektorientierten Software-Entwicklung wurden Methoden und Notationen für Planung, Design, Entwurf und Implementierung von Software entwickelt. Die zunehmende Vielzahl an Methoden führte seit den 90er Jahren durch die Object Management Group (siehe dazu http://www.omg.org) zur Entwicklung eines offiziellen Standards, der Unified Modeling Language (UML). Dabei wurden bekannte Konzepte konsolidiert, verfeinert und zusammengeführt. Die UML umfasst nicht irgendeine bestimmte Methode sondern ist vielmehr ein Sammelbegriff für grafische Methoden zur objektorientierten Entwicklung und Dokumentation von Software (OOD, Object Oriented Design).

Im Rahmen dieses Design-Prozesses ist es elementar, die Geschäftsprozesse zu modellieren, da darauf aufbauend Software entwickelt werden soll. Aus diesem Grund bietet die UML, neben Diagrammen zum Entwurf von Software, eine Reihe von Methoden zur Darstellung und Optimierung von Geschäftsprozessen. Zwar gibt es viele andere Methoden zur Modellierung von Prozessen (siehe Ereignisgesteuerte Prozessketten), diese haben jedoch den Nachteil, dass sie nur bedingt zur Software-Entwicklung genutzt werden können. Es entsteht somit eine methodische Lücke zwischen klassischer Geschäftsprozessmodellierung und solcher zur Entwicklung von Software, da keine einheitliche Verständigung zwischen den beiden Modellierungssprachen stattfinden kann. Dieses führt zu Problemen, weil Vorgehensweise, Methoden und Werkzeuge der Geschäftsprozessmodellierung einerseits und der objektorientierten Entwicklung andererseits weitgehend unabhängig voneinander entstanden sind und sich deshalb deutlich unterscheiden. Mit der UML wird versucht, diese Lücke zu schließen, indem, aufbauend auf einer einheitlichen Vorgehensweise, alle Phasen der Software-Entwicklung, inklusive Erfassung der Geschäftsprozesse, unterstützt werden. Somit ist es für alle beteiligten Akteure möglich, eine gemeinsame „Sprache“ (UML) zu nutzen.

Die UML basiert wie bereits erwähnt auf einer objektorientierten Sichtweise. Ausgehend von der realen Welt werden dabei Objekte herausgezogen, welche mit bestimmten Attributen beschrieben werden. Diese Objekte werden dann zu Klassen zusammengefasst, wenn die Eigenschaften und das Verhalten der Objekte gleich oder ähnlich sind. Anders ausgedrückt, sind Klassen die Baupläne für die zu erzeugenden Objekte. Solche erzeugten Objekte heißen Instanzen einer Klasse. Objekt, Klasse, Attribut und Methode bilden die Basis für alle Diagrammtypen in der UML.

UML wird häufig mit Klassendiagrammen gleichgesetzt. Jedoch gibt es eine Reihe von Diagrammen zur Darstellung verschiedener relevanter Sachverhalte. Diese lassen sich in statische und dynamische Modelle unterteilen. Statische Modelle stellen z. B. Klassendiagramme dar, die die Beziehungen zwischen den Klassen und beteiligten Akteuren aufzeigen. Der Prozessablauf wird hingegen bei den so genannten dynamischen Modellen aufgezeigt. Eines dieser Modelle ist z. B. das später zu erläuternde Sequenzdiagramm. Im Rahmen der Modellierung von Geschäftsprozessen haben gerade die dynamischen Modelle eine große Bedeutung und vielfältige Anwendungsmöglichkeiten. Die verschiedenen Diagrammtypen der UML haben den Vorteil, dass jeder Typ seine spezifische Sicht auf den zu modellierenden Prozess oder das System gibt.

Im Folgenden werden die wichtigsten Diagrammtypen der Unified Modeling Language vorgestellt. Dabei soll besonders deren Nutzen im Rahmen des Geschäftsprozessmanagements dargestellt werden.

Das *Anwendungsfalldiagramm* (engl. use case diagram) dient als Einstieg in die Anforderungsanalyse für die Software-Entwicklung. Es kann aber auch gleichzeitig zur Darstellung der relevanten Geschäftsprozesse und deren Beziehung zu den beteiligten Personen genutzt werden. Das englische „use case“ wird als „Geschäftsprozess“ übersetzt und zeigt, dass sich dieser Diagrammtyp auf die Darstellung der Interaktionen zwischen Personen (den so genannten Akteuren) und dem System/Unternehmen bezieht. Ein darzustellender Anwendungsfall ergibt sich unmittelbar aus dem Geschäftsprozess bzw. ist identisch mit einem Teilprozess. Es soll u. a. dargestellt werden, welcher Akteur in welchem Prozess involviert ist und welche Prozesse andere Prozesse beinhalten.

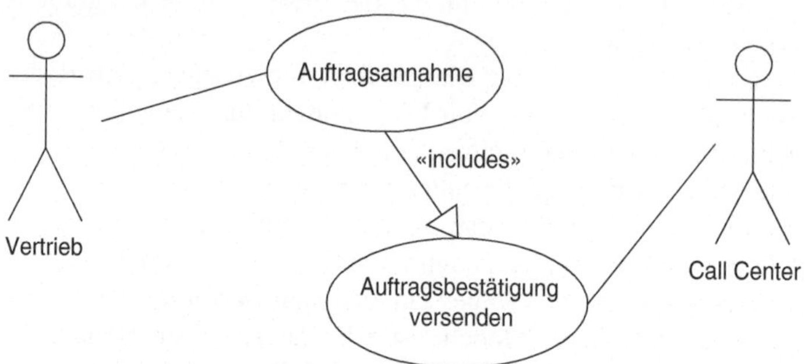

Abb. 3.14. Beispiel eines Anwendungsfalldiagrammes

Zur Darstellung der Anwendungsfälle werden Ellipsen benutzt. Die Akteure werden als Strichmännchen gezeichnet. Akteure sind im Sinne von Rollen eines Benutzers im System zu verstehen. Es sind auch nicht-menschliche Akteure möglich (z. B. ein anderes System). Die Beziehungen zwischen Anwendungsfall und Akteur wird durch eine ungerichtete Kante verdeutlicht.

In Abb. 3.14 sind die Prozesse der Auftragsannahme und des Versands der Auftragsbestätigung als Anwendungsfall dargestellt, der bereits in der Abb. 3.10 in der EPK-Notation vorgestellt wurde. Dabei lässt sich erkennen, dass die Akteure Vertrieb und Call Center in die beiden Prozesse involviert sind. Es besteht außerdem eine gewisse Abhängigkeit zwischen den Prozessen, die durch eine gerichtete Kante dargestellt wird, die mit „«includes»“ beschriftet ist. Dies ist zu benutzen, wenn mehrere Anwendungsfälle den gleichen Unterprozess benötigen. Dabei ist zu beachten, dass die Kante immer von dem ursprünglichen Anwendungsfall zum herausgezogenen Prozess zeigt

Anwendungsfälle sind stets als Normalfälle zu interpretieren. Soll eine Sonderfallbehandlung vorgesehen werden, wird dies durch eine gerichtete Kante ausgedrückt, die mit „«extends»“ beschriftet wird und vom Sonderfall auf den Normalfall zeigt.

Ein Nachteil der Anwendungsfalldiagramme ist die Tatsache, dass keine Reihenfolge der Bearbeitung der Anwendungsfälle dargestellt werden kann. So wird allein aus dem Diagramm nicht klar, welcher „use case“ vor dem anderen ausgeführt werden muss. Hier empfiehlt sich der Einsatz von weiteren Methoden aus der UML, wie z. B. dem Aktivitätsdiagramm.

Jeder Anwendungsfall muss durch eine Beschreibung dokumentiert werden. Diese kann umgangssprachlich erfolgen, bei umfangreichen Anwendungsfällen führt dies allerdings zu inkonsistenten oder redundanten Informationen. Dies ist auch bei einer Vielzahl von Anwendungsfällen der Fall, die in der Praxis wahrscheinlicher ist. Empfehlenswert ist es daher, einen festen Rahmen für die Beschreibung vorzugeben. Eine solche Vorlage ist z. B. das „Use case Template“ von COCKBURN [Co96]. Es beinhaltet die folgenden Punkte:

- Geschäftsprozess: Name
- Ziel: …
- Kategorie: primär, sekundär oder optional
- Vorbedingung: Erwarteter Zustand vor Beginn des Anwendungsfalls
- Nachbedingung Erfolg: Erwarteter Zustand nach erfolgreicher Ausführung
- Nachbedingung Fehlschlag: Erwarteter Zustand, wenn Ziel nicht erreichbar
- Beteiligte Akteure: …
- Auslösendes Ereignis: …

- Beschreibung: … des regulären Ablaufs durch Abfolge von Aktionen
  - 1. …
  - 2. …
- Erweiterungen:
  - 1a …
- Alternativen:
  - 1a …

Der gerade in der Software-Entwicklung häufig genutzte Diagrammtyp aus der UML ist das *Klassendiagramm* (engl. class diagram). Neben dem hier nicht weiter erläuterten Paketdiagramm eignet es sich vor allem zur Darstellung der Klassenstrukturen innerhalb eines Software-Systems. Klassendiagramme sollen hier nur kurz erläutert werden, da sie nicht primär für die Geschäftsprozessmodellierung eingesetzt werden können. Es handelt sich vielmehr um eine statische grafische Veranschaulichung von Klassen, Objekten und vor allem ihren Beziehungen zueinander. Klassendiagramme beschreiben, wie diese interagieren, aber nicht was dann geschieht.

Die Grundelemente dieses Diagrammtyps sind Rechtecke, die für Klassen stehen. Jede Klasse hat einen Namen, Attribute und Methoden. Da Klassen untereinander in Beziehung stehen, wird dies durch ungerichtete oder gerichtete Kanten ausgedrückt. Die Beziehungen können eine der folgenden Arten sein:

- Assoziation („steht in Beziehung mit“)
- Vererbung („erbt die Funktionalität der Oberklasse“)
- Aggregation („ist Teil von“)
- Komposition („ist existenzabhängiger Teil von“)

Diese unterschiedlichen Beziehungen werden durch verschiedene Pfeile an den Kanten ausgedrückt. Jedes Klassendiagramm enthält Klassen und Assoziationen. Optional sind Multiplizitäten, Navigationshinweise und Rollen.

Ein einfaches Beispiel für ein Klassendiagramm ist in Abb. 3.15 zu sehen. Dabei ist die Klasse Person als abstrakte Klasse modelliert. Das heißt, dass Mitarbeiter und Kunden Personen sind und somit Attribute und Methoden von Personen „erben“. Dieses Konstrukt hat den Vorteil, dass an anderer Stelle allgemein von Personen gesprochen werden kann, wenn noch nicht klar ist, ob es sich um Mitarbeiter oder Kunden handelt. Eine Kunde steht außerdem in Beziehung mit einem Auftrag. Durch die Multiplizität „1“ und „0..*“ wird ausgedrückt, dass ein Auftrag zu einem bestimmten Kunden zugeordnet werden kann, ein Kunde aber mehrere Aufträge erstellen kann, muss aber nicht. Die Aggregation zeigt an, dass sich ein Auftrag aus mehreren Auftragspositionen zusammensetzt.

Die Sichtbarkeit von Attributen und Methoden wird durch ein „+“ für „public“ (öffentlich, d. h. das Attribut oder die Methode ist von allen anderen Klassen aus aufrufbar) oder „–“ für „private“ (privat, d. h. das Attribut oder die Methode ist nur in der eigenen Klasse sichtbar) gekennzeichnet. In den frühen Phasen des Software-Entwurfs werden diese Hinweise jedoch meist weggelassen. Auch identifiziert man dort nur wichtige Attribute und Methoden.

Neben der Möglichkeit zur Darstellung der statischen Struktur bietet die UML einige Konzepte zur Visualisierung von Interaktionen. Diese beziehen sich meist auf Elemente des Klassendiagrammes. Es sei nur erwähnt, dass auch Diagrammtypen wie das Kollaborationsdiagramm gibt. Dieses legt den Schwerpunkt auf die Darstellung von Beziehungen der einzelnen Objekte und deren Architektur. Der Nachteil dieser Notation ist die unter Umständen schwer verständliche Darstellung für Ersteller und Leser. Aus diesem Grund ist das *Sequenzdiagramm* (engl. sequence diagram) in der Praxis weiter verbreitet. Im Vordergrund

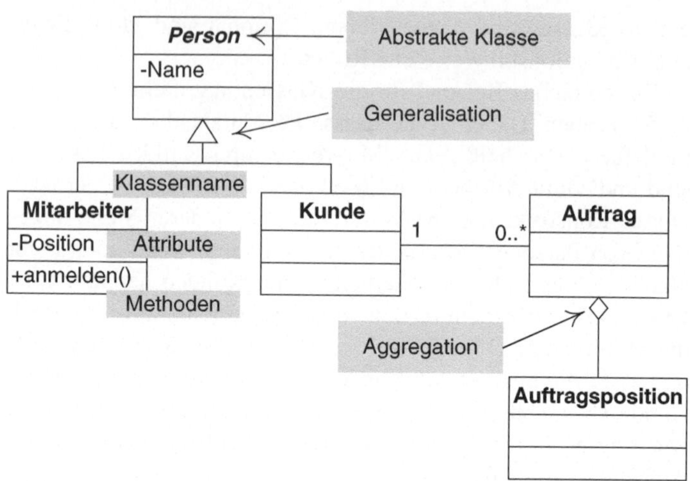

Abb. 3.15. Beispiel für ein einfaches Klassendiagramm

steht hier die zeitliche Reihenfolge der Interaktion. Nachdem im Klassendiagramm die statische Struktur festgelegt wurde, kann im Sequenzdiagramm der Nachrichtenaustausch zwischen Objekten der Klassen im zeitlichen Ablauf gezeigt werden.

Um dies darzustellen, wird eine Zeitachse vertikal von oben nach unten gezeichnet. An dieser Achse wird für jedes der zu betrachtenden Objekte eine gestrichelte Linie abgebildet. Aktive Objekte werden mit einem dicken Balken gekennzeichnet. Die Kommunikation zwischen den Objekten wird durch einen waagerechten Pfeil zwischen den Objektlebenslinien beschrieben. Dabei bedeutet z. B. der Pfeil mit „get()“ in der Abb. 3.16, dass diese Methode in der Klasse2 definiert ist und auf dem Objekt2 aufgerufen wird. Die Antwort dieser Methode wird an das Objekt1 zurückgeschickt. Sollen Parameter bei dem Methodenaufruf übergeben werden, werden diese in Klammern nach dem Methodennamen aufgeführt. Objekte können auch sich selbst durch rekursive Nachrichten aufrufen, andere Objekte erzeugen oder löschen, oder selbst erzeugt oder gelöscht werden.

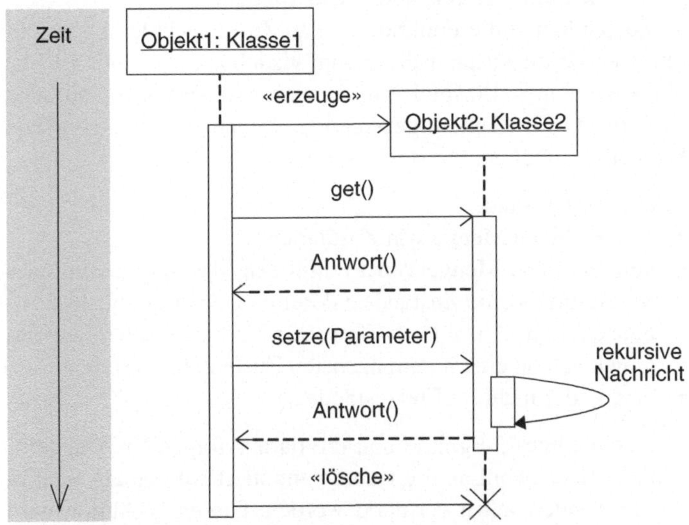

Abb. 3.16. Beispiel für ein Sequenzdiagramm

Sequenzdiagramme eignen sich sehr gut für die grobe Darstellung von Geschäftsprozessen. Zur Darstellung von komplexen Prozessen in Unternehmen eigenen sie sich nur in sofern, dass sie für die Darstellung der Kommunikation innerhalb der eingesetzten Software dienen, jedoch weniger zur sichtenübergreifenden Modellierung der Unternehmung.

Die so genannten *Zustandsdiagramme* (engl. state diagrams) wurden entwickelt, weil Endliche Automaten für Nicht-Informatiker schnell unübersichtlich werden. Endliche Automaten werden in der Automatentheorie zur Beschreibung des Verhaltens von Rechnern benutzt. Sie zeigen das Verhalten der einzelnen Objekte auf. Dabei wird davon ausgegangen, dass Objekte verschiedene Zustände annehmen können. Ein Zustand ist die endliche nicht-leere Menge von möglichen Attributwerten, die die Objekte einer Klasse annehmen können.

Zustände und die Funktion, die zu Zustandsänderungen führen, werden im Zustandsdiagramm visualisiert. In Abb. 3.17 ist ein allgemeines Beispiel eines Zustandsdiagrammes mit den wichtigsten Elementen gezeichnet. Allgemein sind folgende Elemente enthalten:

- ein Startzustand,
- eine endliche Menge von Zuständen,
- eine endliche Menge von Ereignissen, das als wesentliches Vorkommnis eine Zustandsänderung (Transition) auslöst,
- eine endliche Anzahl von Transitionen, die den Übergang des Objektes von einem zum nächsten Zustand beschreiben,
- einen oder mehrere Endzustände.

Notwendige Ereignisse und die daraus folgenden Transitionen können sowohl an die Kanten annotiert werden als auch in den Zuständen selbst vermerkt werden. Die entry-Aktion wird bei Betreten des Zustandes ausgeführt, die do-Aktivität solange sich das Objekt im Zustand befindet und die exit-Aktion beim Verlassen. Äquivalent zu entry- und exit-Aktion sind Beschriftungen der Ein- bzw. Ausgangskanten möglich.

Neben den bereits erwähnten Elementen des Zustandsdiagrammes gibt es einige Erweiterungen. So kann der Kontrollfluss durch spezielle Elemente aufgeteilt und wieder zusammengeführt werden. Außerdem ist es möglich, hierarchische Strukturen einzuführen, in denen Oberzustände sogar ein „Gedächtnis“ haben. Bei Wiedereintritt in diesen kann so zu dem beim Verlassen aktiven Unterzustand zurückgekehrt werden.

Der letzte hier vorgestellte Diagrammtyp soll das so genannte *Aktivitätsdiagramm* (engl. activity diagram) sein. Es wird auch

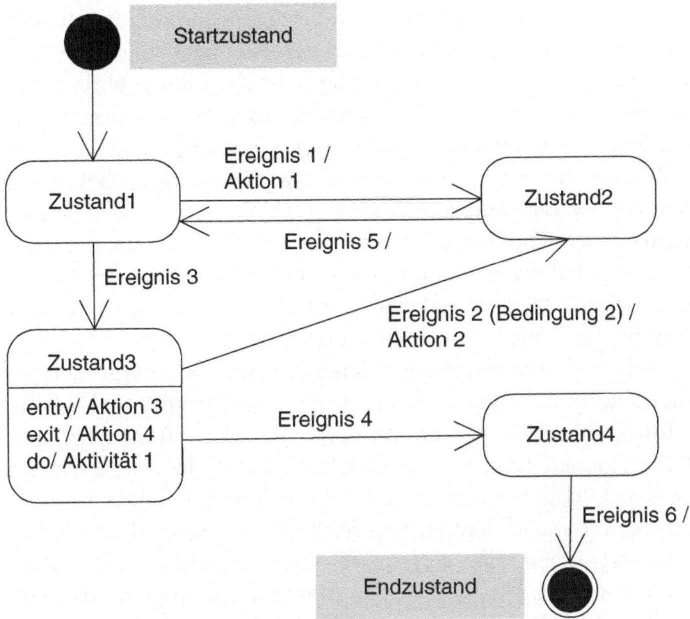

Abb. 3.17. Beispiel für ein Zustandsdiagramm

als Ablaufdiagramm bezeichnet, was darauf hindeutet, dass dieser Diagrammtyp zur Darstellung von Abläufen benutzt wird. Der Fokus liegt hier besonders auf der Visualisierung von parallelen Abläufen. Somit eignet sich das Aktivitätsdiagramm sehr gut für die Abbildung von Geschäftsprozessen, die in den seltensten Fällen rein linear ablaufen und meist Parallelitäten vorweisen. Aktivitätsdiagramme sind weiterhin gut geeignet zur Modellierung von Workflows und somit zur Verfeinerung von den oben erwähnten Anwendungsfällen.

Aktivitätsdiagramme enthalten, wie in Abb. 3.18 zu sehen, immer einen Anfangs- und einen Endknoten, die Beginn und

Ende des Prozesses darstellen. Zur Verdeutlichung der Parallelität ist es möglich, Verzweigungs- und Vereinigungsknoten einzusetzen. Diese zeigen die Aufspaltung bzw. Zusammenführung des Kontrollflusses an. Da bei Geschäftsprozessen auch immer wieder Fallunterscheidungen notwendig sind, sind entsprechende Fallunterscheidungsknoten ebenfalls vorhanden. Eine Besonderheit von Aktivitätsdiagrammen liegt nun darin, dass Verantwortlichkeitsbereiche durch Partitionen dargestellt werden, die auch Schwimmbahnen genannt werden. Dadurch ist es für den Nutzer des Modells leicht zu erkennen, welche Aktivität von welchem Bereich des Unternehmens ausgeführt wird.

Alle weiteren wichtigen Elemente eines Aktivitätsdiagrammes sind in der Abb. 3.18 dargestellt. Der Beispiel-Prozess der Auftragsannahme beginnt mit der Aktivität „Auftrag erfassen". Gleich darauf folgt eine Fallunterscheidung. Ist die Erfassung nicht erfolgreich, muss zunächst der Kunde kontaktiert werden, um anschließend den Auftrag nachzubearbeiten. Hierfür ist es nun vorgesehen, eine verfeinerte Aktivität zu hinterlegen. Dies wird durch das Symbol in der Aktivität „Auftrag bearbeiten" verdeutlicht. Der nun folgende Verzweigungsknoten teilt den Kontrollfluss auf. Es können die Aktivitäten „Auftrag weiterleiten" und „Auftrag archivieren" parallel abgearbeitet werden. Dies ist aber nicht zwingend erforderlich. Der Vereinigungsknoten synchronisiert alle vorherigen Aktivitäten. Der Prozess geht somit erst dann voran, wenn der Auftrag archiviert und weitergeleitet ist. Der Prozess der Auftragsannahme endet mit dem Endknoten.

Wie bereits angedeutet, können Aktivitätsdiagramme in unterschiedlichen Detaillierungsgraden erstellt werden. So ist es z.B. möglich, zunächst ein Anwendungsfall-übergreifendes Diagramm zu erstellen und danach jeden use case detailliert darzustellen. Eine weitere Erweiterungsmöglichkeit stellt die Annotation von Dokumenten an den Kontrollfluss dar. Solche Objektflussknoten reprä-

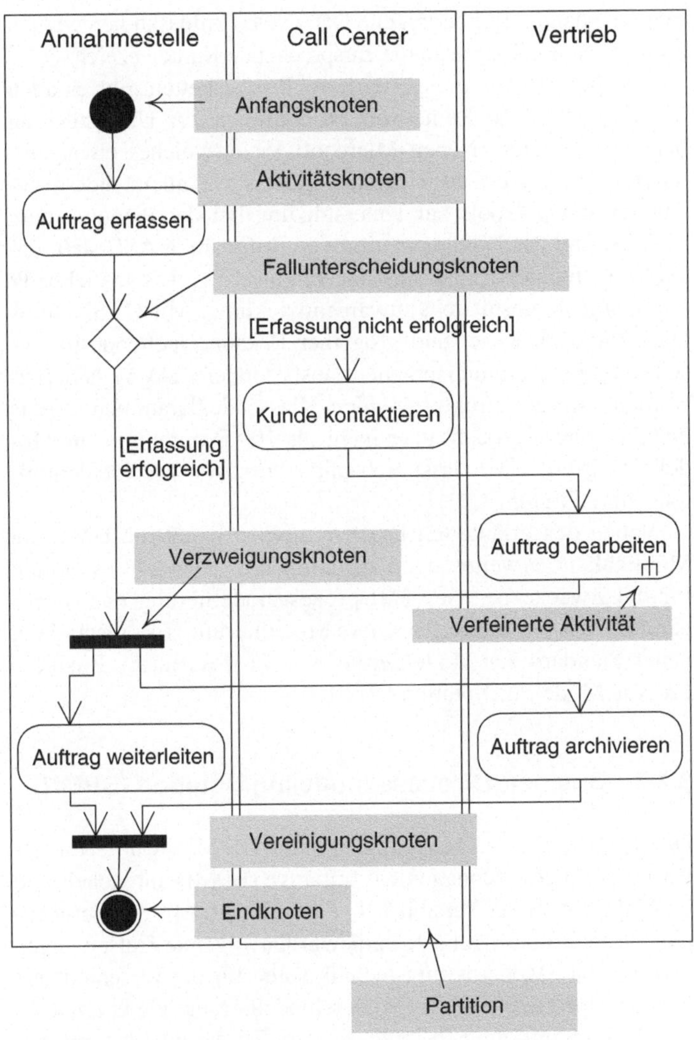

Abb. 3.18. Aktivitätsdiagramm der Auftragsannahme

sentieren dann z. B. übertragene Daten. Objektflussknoten werden als einfache Rechtecke an die entsprechende Kante gezeichnet.

Wie bei den Ereignisgesteuerten Prozessketten gibt es auch für die UML eine Reihe von Programmen zur Unterstützung beim Modellieren. Neben Microsoft Visio, welches einen umfangreichen UML-Editor enthält, gibt es vor allem die so genannten CASE-Tools zur Unterstützung bei der Planung, dem Entwurf und der Dokumentation von Software. CASE steht dabei für Computer-Aided Software Engineering, was so viel heißt wie Computergestützte Softwareentwicklung. Mit CASE-Tools wie ‚Rationale Rose' und ‚Together J' kann Quellcode in verschieden Programmiersprachen (insbesondere JAVA) generiert werden, der die strukturierenden Klassendeklarationen bereits enthält. Eine Übersicht über mehr als 100 Programme zur Modellierung mit UML lässt sich unter http://www.jeckle.de/umltools.htm abrufen.

Neben den erläuterten Diagrammtypen bietet die UML die Möglichkeit, Erweiterungen zu definieren. Hier gibt es gerade für die Zwecke der Geschäftsprozessmodellierung das so genannte UML Profile for Business Modellierung. Es entstand ein neuer Standard zur Modellierung von Prozessen, die Business Process Modeling Notation (BPMN).

3.4.3 Business Process Modeling Notation (BPMN)

Die Business Process Modeling Notation (BPMN) wurde von der Business Process Management Initiative (BPMI) entwickelt und im Mai 2004 in der Version 1.0 veröffentlicht. Mit der Entwicklung dieser Modellierungstechnik wurden folgende Zielsetzungen verfolgt: Die Modellierungstechnik sollte für die verschiedenen Akteure im Rahmen der Prozessmodellierung gleichermaßen verständlich und einfach zu lesen sein. Zu diesen Akteuren gehören nach Auffassung der BPMI Systemanalytiker, welche die fachliche Modellierung vornehmen, Technologieentwickler, welche die erstellten Modelle verwenden und ggf. verfeinern und die Mitarbeiter der untersuchten Unternehmung, welche die dahinter liegenden Prozesse gestalten, ausführen und überwachen.

Neben der Verständlichkeit der Modelle sollten diese vor allem für technische Fragestellungen wieder verwendet werden können. So wurde das allgemeine Problem aufgegriffen, dass Prozessmodelle, die den fachlichen Teil eines Prozesses wiedergeben, häufig nicht für technische Anwendungszwecke, wie z. B. die Entwicklung und Konfiguration von Anwendungssystemen, direkt herangezogen wurden bzw. herangezogen werden konnten. Mit der Entwicklung und Bereitstellung von verteilten Service-orientierten Architekturen und deren Realisierungsmöglichkeit durch Web-Services wurde die Forderung aufgegriffen, dass Prozessmodelle möglichst für den Aufbau und die Konfiguration solcher Systeme genutzt werden können. Die Vision dahinter ist, dass fachliche, leicht verständliche Prozessmodelle direkt genutzt werden können, um in diese Systeme „gefüttert" werden zu können. Damit soll praktisch „auf Knopfdruck" ein lauffähiges Informationssystem konfiguriert werden können, welches die Prozessausführung steuert und überwacht. Die umfassende Demonstration dieses Ansatzes steht allerdings sowohl in Industrie als auch Verwaltung noch immer aus. Aus diesen Sichtweisen lässt sich der eher technische Fokus der Entwicklungsbestrebungen erkennen.

Im Kern besteht die BPMN aus Geschäftsprozessdiagrammen, welche jeweils einen oder mehrere Gesamtprozesse abbilden und die verschiedenen Modellierungselemente beinhalten. Diese Elemente sind in vier unterschiedliche Klassen unterteilt worden, welche jeweils einen spezifischen Teil der Prozessinformationen abbilden können. Hierzu gehören die Klasse der Ablaufelemente, der Verbindungselemente, der Schwimmbahnen und der Artefakte.

In Abb. 3.19 ist ein Ausschnitt aus einem Verwaltungsprozess mit der BPMN abgebildet worden. Die Erläuterungen der Elemente befinden sich in den nachfolgenden Tabellen.

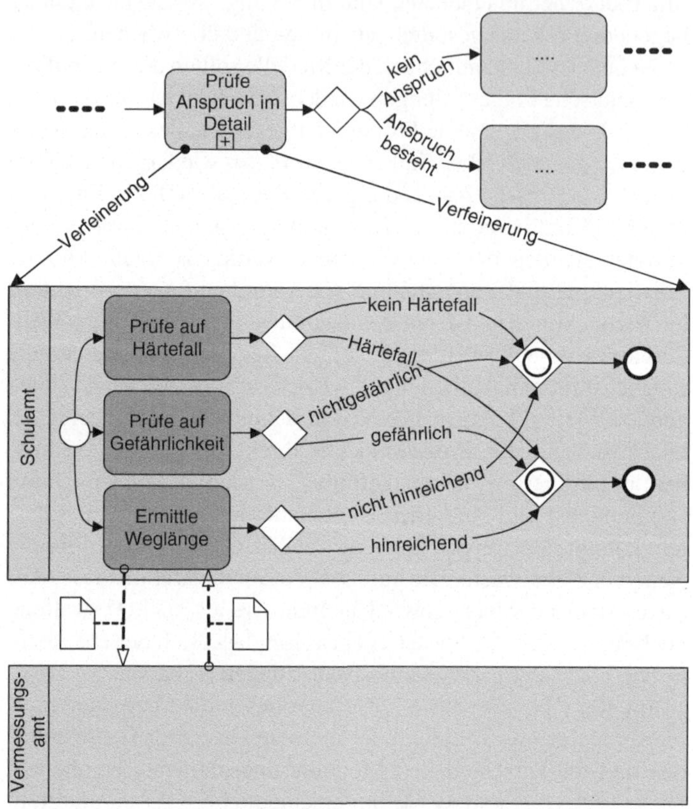

Abb. 3.19. Ausschnitt der Schülerfahrtkostenerstattung in BPMN

In der Klasse der Ablaufelemente (vgl. Tab. 3.2) befinden sich diejenigen Elemente, welche die Aktivitäten und den zeitlichen und sachlogischen Ablauf der Aktivitäten darstellen.

Tab. 3.2. Ablaufelemente der Business Process Modeling Notation

Element	Symbol	Erläuterung
Ereignis	Startereignis Zwischenereignis Endereignis	Durch Ereignisse werden Zustandsänderungen repräsentiert. Sie beeinflussen den Ablauf von Prozessen. Es wird zwischen Start-, Zwischen- und Endereignissen eines Prozesses unterschieden.
Aktivität	Aktivität + Unterprozess	Eine Aktivität repräsentiert das eigentliche Handeln. Es wird zwischen atomaren und zusammengesetzten Aktivitäten unterschieden. Zusammengesetzte Aktivitäten werden auch als Unterprozesse bezeichnet und mit einem „+" gekennzeichnet.
Entscheidungspunkt	XOR UND ODER	Mit Entscheidungspunkten kann der Ablauf in Prozesse aufgespalten und zusammengeführt werden, um z. B. Parallelität abbilden zu können. Weiterhin können Entscheidungen dargestellt werden, welche in unterschiedliche Prozessalternativen resultieren.

Die Ablaufelemente der BPMN ähneln den Elementen der EPK. So werden hier ebenfalls Aktivitäten und Ereignisse dargestellt und Aktivitäten können verfeinert werden. Auf diese Weise sind auch in der BPMN vertikale Auflösungen von Prozessmodulen möglich. Der Entscheidungspunkt übernimmt die Funktion aller logischen Konnektoren der EPK.

Die nachfolgende Klasse der Verbindungselemente ermöglicht es, verschiedene Elemente miteinander zu verbinden. Es werden verschiedene Verbinder bereitgestellt, je nachdem, welche Elemente miteinander verbunden werden sollen. Tab. 3.3 fasst diese zusammen.

Tab. 3.3. Verbindungselemente der Business Process Modeling Notation

Element	Symbol	Erläuterung
Sequenzverbindung	———→	Durch die Sequenzverbindung wird die Abfolge von Ablaufelementen dargestellt, indem diese mit dem Verbinder verknüpft werden.
Nachrichtenfluss	o– – – – – –▷	Durch den Nachrichtenfluss wird der Austausch von Nachrichten zwischen unterschiedlichen Prozessbeteiligten dargestellt. Die unterschiedlichen Akteure werden durch verschiedene „Pools“ dargestellt (vgl. Pool Element)
Verbindung	·········>	Mithilfe dieser allgemeinen Verbindung können z. B. Inputs und Outputs von Aktivitäten dargestellt werden. Allgemein können hiermit beliebige Artefakte an Ablaufelemente annotiert werden.

Die Sequenzverbindung übernimmt eine zentrale Rolle, da hierdurch die eigentlichen Abläufe und damit die Reihenfolgebeziehungen abgebildet werden. Der Nachrichtenfluss dient der Abbildung von Kommunikationsbeziehungen zwischen verschiedenen Prozessbeteiligten. Dabei ist festzuhalten, dass der Nachrichtenfluss nur für die Koordination von entkoppelten Prozessen verwendet wird. Entkoppelte Prozesse zeichnen sich dadurch aus, dass sie nur wenige Interaktionspunkte besitzen, inhaltlich somit größtenteils unabhängig ablaufen. Dies ist häufig bei örtlich oder organisatorisch getrennten Prozessen der Fall. Aus diesem Grund werden in der BPMN eben nur Nachrichten zwischen „Pools" ausgetauscht, also Prozes-

Tab. 3.4. Schwimmbahnelemente der Business Process Modeling Notation

Element	Symbol	Erläuterung
Pool	Name	Mithilfe von Pools werden Prozessbeteiligte visualisiert. Alle Aktivitäten eines Beteiligten werden in dem entsprechenden Pool dargestellt und können als eigenständiger Prozess aufgefasst werden. Prozessbeteiligte ergeben sich häufig aus den Organisationen oder Rollen, die an einem Gesamtprozess beteiligt sind.
Bahn	Name Name Name	Bahnen unterteilen Pools, um so Untergliederungen von Aktivitäten eines Prozessbeteiligten abbilden zu können. Bahnen werden z. B. genutzt, um interne Organisationseinheiten darzustellen.

sen, die von verschiedenen, unabhängigen Prozessbeteiligten durchgeführt werden.

Die in Tab. 3.4 dargestellten Schwimmbahnelemente dienen eben dieser Klassifikation von inhaltlich abhängigen und unabhängigen Prozessbereichen. Die Aktivitäten eines Prozessbeteiligten werden innerhalb eines Pools dargestellt und dort mit Sequenzverbindern verbunden. Ein Pool kann dabei noch in Bahnen unterteilt werden, wenn es noch weitere inhaltliche und sinnvolle Unterteilungen gibt.

Zwischen Pools, also zwischen Prozessbeteiligten, kann die Koordination nur mit dem Nachrichtenfluss vorgenommen werden. Innerhalb eines Pools, also z. B. auch zwischen Bahnen eines Pools, dürfen keine Nachrichtenflüsse dargestellt werden, sondern es findet eine direkte Koordination über die Benutzung der Sequenzverbinder statt.

Die Klasse der Artefaktelemente beinhaltet diejenigen Elemente, welche zusätzlich für die Durchführung der Aktivitäten benötigt werden oder sonstige Modellinformationen darstellen können. In Tab. 3.5 sind diese zusammengefasst.

Zentrales Element ist hier das Datenobjekt. Dieses wird für die Abbildung von Dokument- oder allgemein Informationsaustauschen verwendet. Die notwendigen Inputs und die resultierenden Outputs der Aktivitäten können hiermit abgebildet werden.

Die Artefaktklasse ist ebenfalls dafür vorgesehen, dass die Anwender weitere für sie wichtige Elemente der Modellierungstechnik hinzufügen können, wie z. B. physische Produkte oder weitere Ressourcen, wie z. B. Informationssysteme oder sonstige Arbeitsmaterialien. Weiterhin ist festzuhalten, dass die BPMN durch so genannte „Markierungen“, welche vielen der vorgestellten Elemente hinzugefügt werden können, noch mehr Möglichkeiten bietet, die Bedeutung der einzelnen Elemente weiter zu konkretisieren. So kann z. B. bei Ereignissen annotiert werden, ob es sich um ein „zeitlich getriebenes“ Er-

Tab. 3.5. Artefaktelemente der Business Process Modeling Notation

Element	Symbol	Erläuterung
Datenobjekt	Name [Zustand]	Datenobjekte werden genutzt, um Inputs und Outputs von Aktivitäten darzustellen. Sie werden mithilfe der „Verbindung" an die Aktivität geknüpft.
Gruppierung		Die Gruppierung kann beliebige Modellelemente zusammenfassen. Sie dient somit reinen Dokumentations- oder Analysezwecken und hat keine Auswirkung auf den Prozessablauf.
Anmerkung	Textuelle Anmerkung für weitere Informationen	Mithilfe von Anmerkungen kann freier Text an beliebige Modellierungselemente annotiert werden, um so das Modell besser dokumentieren zu können.

eignis handelt, welches z. B. immer 30 Minuten nach Prozessbeginn eintritt.

Wie auch die EPK ist die BPMN sehr flexibel bezüglich der Darstellungstiefe und -genauigkeit von Prozessen. Auch hier werden keinerlei Vorgaben für die Einhaltung eines einheitlichen Abstraktionsgrades getroffen. Die Möglichkeit der Darstellung von Ablaufvarianten wird ebenfalls gegeben. Die Verknüpfung der Aktivitäten zur Organisation wird über die Schwimmbahnen realisiert, bietet allerdings nicht die inhaltliche Qualität der EPK, da kein explizites Organisationsmodell angelegt wird.

Letztendlich handelt es sich bei den beiden vorgestellten Modellierungstechniken um sehr freie Techniken, die bezüglich. ihrer Abbildungsmöglichkeiten kaum Einschränkungen mit sich bringen und sehr flexibel eingesetzt werden können. Die grundlegenden Elemente, die zur Prozessbeschreibung notwendig sind, also Aktivitäten, Ereignisse und die Darstellung von Ablaufregeln, werden gleichermaßen unterstützt. Bei der Abbildung von Input- und Outputdokumenten und notwendigen Ressourcen zur Bearbeitung, wie z. B. Informationssystemen oder Sekundärinformationen, bieten beide Ansätze zwar Konzepte an, diese sind aber nicht standardisiert, sodass Abstraktionsebenen und Darstellungen stark variieren können.

3.4.4 Petri-Netze

Petri-Netze wurden von Carl Adam Petri erstmals 1962 mit seiner Dissertationsschrift „Kommunikation mit Automaten“ vorgestellt. Es handelt sind dabei um gerichtete Graphen, die es erlauben, den Aufbau, die Arbeitsweise und die Eigenschaften von Systemen zu modellieren. Dabei sind Petri-Netze besonders geeignet zur Modellierung verteilter Systeme mit parallelen und nicht-deterministischen Vorgängen. Solche Vorgänge lassen sich dadurch charakterisieren, dass ihr Ablauf nicht im Voraus festgelegt ist, sondern sich vielmehr bei Durchführung des Prozesses verschiedene Zustände für gleiche Eingaben ergeben können. Petri-Netze bestehen allgemein aus Knoten und Kanten. Die Knoten lassen sich wiederum unterteilen in sog. Stellen, auch Zustände genannt (Kreise), und Transitionen (Rechtecke), wobei zu beachten ist, dass nur unterschiedliche Knotentypen miteinander verbunden werden dürfen. In der Abb. 3.20 ist ein Stellen-Transitions-Netz, welches eine Variante von Petri-Netzen ist, bei der eine Stelle mehrere Markierungen enthalten kann und an jeder Kannte annotiert ist, wie viele Markierungen (auch Tokens genannt) zum Übergang benötigt werden, dargestellt.

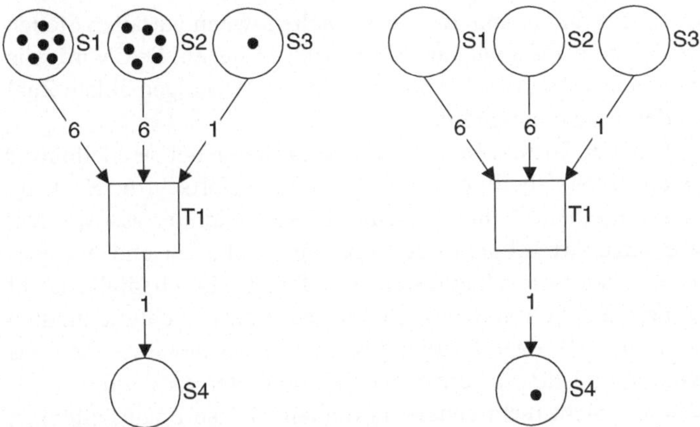

Abb. 3.20. Exemplarische Darstellung eines Stellen-Transitions-Netzes

In der Abbildung stellt z.B. die Transition T1 die Kommissionierung eines Verkaufssets dar, wobei es erforderlich ist, dass mindestens sechs Einheiten vom Artikel Gartenstuhl (S1), sechs Einheiten vom Artikel Tischset (S2) und eine Einheit vom Artikel Gartentisch (S3) zur Verfügung stehen. Ist dies der Fall, kann T1 schalten, d.h. die Kommissionierung ist durchgeführt und als Resultat erhält man ein Verkaufsset (S4). Durch die Markierung des Netzes ist dem Petri-Netz unmittelbar der Gesamtzustand des Systems zu entnehmen.

Neben den oben erwähnten Stellen-Transitions-Netzen gibt es eine Vielzahl von weiteren Varianten. Danach gibt es weitere

Varianten wie Bedingungs-Ereignis-Netze und Prädikat-Transitions-Netze. Bedingungs-Ereignis-Netze haben die Besonderheit, dass pro Stelle maximal eine Marke liegen darf (Bedingung). Individuelle Marken mit beliebigem Wert bzw. Zustand zeichnen Prädikat-Transitions-Netze aus.

Eine Eigenschaft gilt jedoch für alle Arten von Petri-Netzen: Eine Transition kann nur dann schalten, wenn auf allen Stellen des Vorbereichs genügend Markierungen liegen. Dies wird, wie bereits erwähnt, durch Annotation der notwendigen Token-Zahl an den Kanten ausgedrückt.

Mit der Hilfe von Petri-Netzen erlangt der Modellnutzer einen guten Überblick über den Prozessfortschritt. So kann z. B. mit einem Stellen-Transitions-Netz leicht erfasst werden, wie viele Artikel sich noch im Lager befinden und wie viele Produkte schon hergestellt wurden. Es ist ebenfalls leicht zu erkennen, ob in dem modellierten Prozess Fehler enthalten sind, die z. B. dazu führen, dass nach einer gewissen Zeit das System vollständig zum Stehen kommt oder dass einige Transitionen nicht mehr schalten (können). Diese Fragestellungen sind mit formalen Methoden zu beantworten, da Petri-Netze auf umfangreichen mathematischen Grundlagen beruhen. Dabei werden u. a. so genannte Erreichbarkeitsgraphen erstellt, die eine Zusammenfassung der möglichen Markierungen aller Stellen darstellen. Zwar kann ein solcher Graph effektiv berechnet werden, dies kann jedoch im schlimmsten Fall exponentielle Zeit benötigen. Auswege hieraus bieten strukturelle Analyseverfahren oder eine Simulation statt vollständiger Überprüfung.

Ein Nachteil von Petri-Netzen ist die statische Struktur der Netze, da gerade Geschäftsprozesse sich dynamisch weiter entwickeln können. Auf der anderen Seite ist es sehr gut möglich, sie zur Simulation bestimmter Prozesse einzusetzen.

3.4.5 PICTURE

Die Modellierungsmethode PICTURE ist eine bausteinbasierte, semantische Modellierungssprache. PICTURE wurde am European Research Center for Information Systems der Universität Münster erforscht und durch die Picture GmbH weiterentwickelt. Das Einsatzgebiet von PICTURE ist die Prozessmodellierung in der öffentlichen Verwaltung. Ziel dabei ist es, die ganze Prozesslandschaft einer öffentlichen Verwaltung abzubilden. Dies wird durch die Vorgabe von vordefinierten Prozessbausteinen auf einem relativen hohen Abstraktionsniveau erreicht. Die so erstellten Modelle sollen neben einer reinen Prozessdokumentation auch dazu dienen, mögliche Potenziale durch IT-Unterstützung über mehrere Prozesse hinweg zu identifizieren. Neben der hier vorgestellten Sprache hat die PICTURE-Methode ein Vorgehensmodell zur Durchführung der Modellierungsprojekte.

In der Abb. 3.21 ist ein Auszug aus dem Prozess „Schülerfahrtkostenerstattung“ zu sehen. Abgebildet sind die beiden Teilprozess „Genehmigung Schülerfahrtkostenerstattung“ und „Erstelle Weglängenmessung“. Ersterer ist mit der Genehmigung des Antrages befasst und findet in Amt 51 statt. Im Verlaufe dieses Teilprozesses muss die Weglänge des Schulwegs bestimmt werden. Zu diesem Zweck wird der zweite Teilprozess in Amt 62 angestoßen. Währenddessen wartet der erste Teilprozess auf das Ergebnis der Weglängenmessung. Er wird fortgesetzt, sobald das Ergebnis aus Amt 62 eintrifft.

PICTURE ist durch seine Formalisierung übersichtlicher, als z. B. Ereignisgesteuerte Prozessketten, da vordefinierte Bausteine zur Darstellung von Prozessen die Komplexität der Modelle reduzieren, die benötigte Flexibilität jedoch bewahren. Durch die Vorgaben in Form von nur wenigen Prozessbausteinen können die Abläufe direkt von den Prozessownern, d. h. den Verwaltungsmitarbeitern, formalisiert dokumentiert werden, ohne dass ein Methodenexperte für die Modellierung notwendig ist.

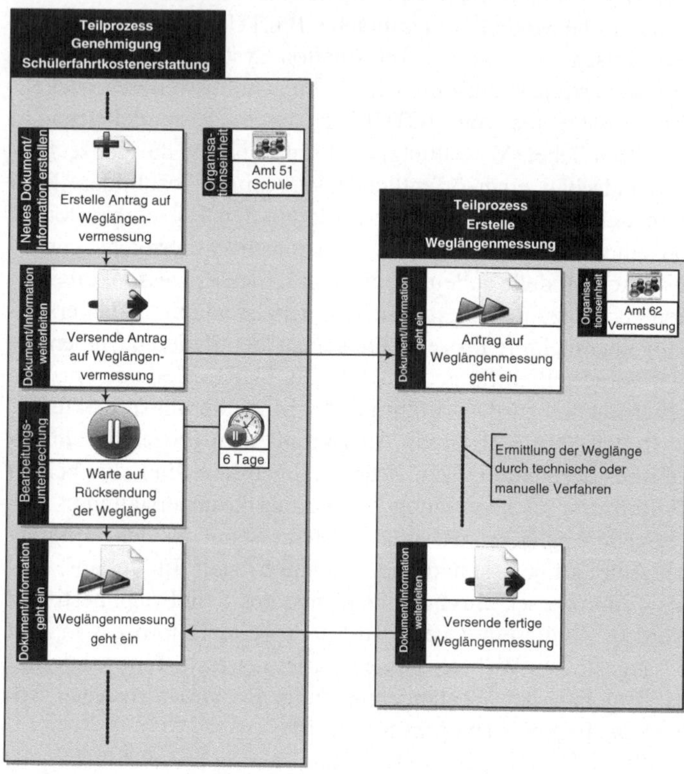

Abb. 3.21. Auszug des Prozesses „Schülerfahrtkostenerstattung"

Zentrales und prägendes Element von PICTURE sind die vordefinierten Prozessbausteine (vgl. Abb. 3.22). Sie entspringen der Analyse einer Vielzahl von Verwaltungsprozessen und beschreiben häufig vorkommende, fachliche Aufgaben des Verwaltungshandelns. Beispiele für Prozessbausteine sind „Erfas-

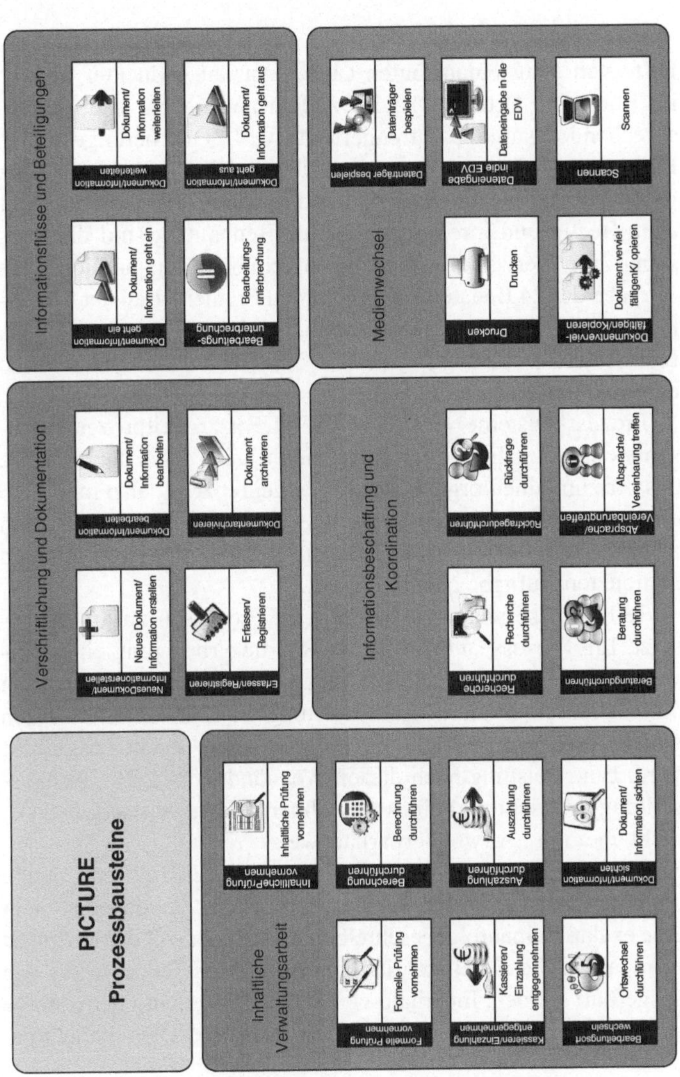

Abb. 3.22. Die 24 PICTURE-Prozessbausteine

sen/Registrieren“ oder „formelle Prüfung durchführen“. Mit Hilfe von Bausteinattributen (z. B. „Anzahl geduckter Seiten“ im Baustein „Drucken“) wird zudem angegeben, wie die entsprechende Aufgabe durchgeführt wird. Die bereitgestellten Prozessbausteine und Bausteinattribute sollen in der Lage sein, jeden Verwaltungsprozess zu beschreiben. Durch ihren fachlichen Bezug und ihre entsprechende Benennung sind die Bausteine für Verwaltungsmitarbeiter einfach verständlich. Die Vorgabe der 24 Bausteine schränkt den Freiheitsgrad der Modellierer ein und legt so einen einheitlichen Detaillierungsgrad fest. Dies führt zu einer besseren Nutzbarkeit und Analysierbarkeit der erstellten Prozessmodelle.

Prozessbausteine werden in PICTURE zu Teilprozessen zusammengesetzt. Ein Teilprozess zeichnet sich dabei dadurch aus, dass er zum einen organisatorisch abgegrenzt ist, also innerhalb einer Abteilung oder eines Sachgebiets ausgeführt wird. Zum zweiten sind Teilprozesse durch die Bearbeitung einer fachlich abgrenzten Aufgabe charakterisiert.

Teilprozesse werden wiederum zu Prozessen zusammengesetzt. Ein Prozess stellt in PICTURE die Erbringung einer Verwaltungsleistung dar. Eine Leistung wird wiederum genau durch einen Prozess erbracht. Eine Leistung ist charakterisiert durch Objekt und eine Verrichtung die aus dem Objekt ausgeführt wird. Eine Leistung nach diesem Verständnis ist z. B. „Neuausstellung (Verrichtung) eines Anwohnerparkausweises (Objekt)“, nicht aber nur „Anwohnerparkausweis“.

Teilprozesse werden in PICTURE grundsätzlich als sequentielle Abfolgen von Prozessbausteinen beschrieben. Ziel dabei ist nicht eine exakte Reihenfolgebeschreibung. Vielmehr soll dokumentiert werden, welche Arbeitsschritte innerhalb eines Teilprozesses wie ausgeführt werden. Innerhalb von Teilprozessen wird demzufolge auf komplexe Ablaufbeschreibungen verzichtet. Dies schließt parallele Abläufe innerhalb von Teilprozessen ein, da davon ausgegangen wird, dass die Arbeitsschritte hier sequentiell stattfinden.

Es gibt allerdings Optionen, alternative Abläufe innerhalb von Teilprozessen zu beschreiben. Die erste Möglichkeit stellen dabei die Prozessbausteinattribute dar. Kann eine Information im Baustein „Dokument/Information entgegennehmen" sowohl elektronisch als auch per Brief eingehen, so kann mit dem Attribut „Eingangskanäle" die Verteilung über diese beiden Optionen abgebildet werden.

Die zweite Möglichkeit zur Darstellung von alternativen Prozessverläufen stellen Teilprozessvarianten dar. Sie werden gebildet, wenn für einen Teilprozess verschiedene Abläufe auf Ebene der Prozessbausteine existieren. Ein Beispiel hierfür ist "Eheschließung deutsch/deutsch" im Gegensatz zu „Eheschließung deutsch/nicht deutsch", die unterschiedliche Bearbeitungsschritte erfordern. Das Ergebnis (die Eheschließung) bleibt aber in beiden Fällen gleich. In diesem Fall werden zwei entsprechende Varianten angelegt, die den jeweiligen Verlauf vollständig beschreiben. Zudem wird die Häufigkeit der Alternativen vermerkt. Durch das Konzept der Varianten werden Kontrollflüsse innerhalb von Varianten vermieden.

Auf Ebenen der Teilprozesse sind dagegen parallele Abläufe möglich. Dies wird durch so genannte Schnittstellenbausteine abgebildet. Schnittstellenbausteine sind Prozessbausteine, die die Weiterleitung von Informationen an andere Organisationseinheiten abbilden, z. B. „Dokument/Information weiterleiten". Läuft der so angestoßene Teilprozess parallel ab, können im anstoßenden Prozess einfach die folgenden Arbeitsschritte abgebildet werden. Wartet er dagegen auf ein Ergebnis des angestoßenen Prozess, wird dies durch die Bausteinkombination „Bearbeitungsunterbrechung" und „Dokument/Information entgegennehmen" dargestellt.

Alle hier vorgestellten Elemente gehören zur Prozesssicht von PICTURE. Daneben existieren noch die Organisationssicht, die Geschäftsobjektsicht sowie die Ressourcensicht. Die Prozesssicht stellt den zentralen Punkt dar, der die anderen Sichten integriert. Die Organisationssicht stellt die Aufbauorganisation der Verwaltung dar. Dies wird über hierarchisch angeordnete Organisationseinheiten (z. B. für Dezernate und Ämter) abgebildet. Diese fassen Aufgaben und Stellen meist nach fachlichen Gesichtspunkten zusammen. Das zweite Element dieser Sicht sind Stellen, abstrakte Einheiten, die zur Erfüllung von Aufgabenbündeln gebildet werden. Eine Stelle gehört eindeutig zu einer Organisationseinheit. Auch Stellen können hierarchisch gegliedert werden. Sie werden weiter in leitende und ausführende Stellen unterschieden. Die Besetzung einer Stelle mit einer konkreten Person wird durch eine Stellenbesetzung dargestellt. Dabei können auch mehrere Personen eine Stelle besetzen. Schließlich ist es möglich, sekundäre Organisationseinheiten (z. B. Ausschüsse) durch Gremien darzustellen. In der Prozesssicht werden die Elemente der Organisationssicht verwendet, um darzustellen, wer einen Arbeitschritt ausführt und wer für die Ausführung eines (Teil-)prozesses verantwortlich ist.

In der Ressourcensicht werden technologische Hilfsmittel, notwendiges Wissen und besondere Qualifikationen abgebildet, die während der Ausführung eines Prozesses benötigt werden. Diese Elemente werden als Ressourcen bezeichnet. Zur Standardisierung von Ressourcen sieht PICTURE deren Einordnung in hierarchisch strukturierte vordefinierte Ressourcentypen vor. In der Prozesssicht werden die Ressourcen an Prozessbausteine annotiert, um abzubilden, welche Hilfsmittel dort benötigt werden.

In der Geschäftsobjektsicht werden die Inputs und Outputs festgehalten, die während eines Verwaltungsprozesses bearbeitet bzw. produziert werden. Diese werden als Geschäftsobjekte bezeichnet. Ein Beispiel für einen Input ist ein Antragsformular, für einen Output ein ausgestellter Anwohnerparkausweis. Ähnlich wie Ressourcen werden auch Geschäftsobjekte in hierarchischen, vordefinierten Geschäftsobjekttypen strukturiert. Auch sie werden an Prozessbausteine annotiert, um darzustellen, was in jeweiligen Arbeitsschritt bearbeitet oder erstellt wird.

Zusammenfassend ist festzuhalten, dass PICTURE speziell zur Prozessmodellierung von strukturierten Prozessen, wie in der öffentlichen Verwaltung, geeignet ist. Produktionsprozesse beispielsweise lassen sich dagegen nicht darstellen. Weiterhin zielt PICTURE darauf, die Prozesslandschaft einer öffentlichen Verwaltung möglichst vollständig abzubilden. Daher weisen die Modelle ein, durch die Vorgabe der Prozessbausteine fixiertes,

Tab. 3.6. Elemente der einzelnen PICTURE-Sichten

Element	Erläuterung	Symbol
Elemente der Prozesssicht		
Prozess-baustein	Ein Prozessbaustein beschreibt eine in vielen Verwaltungsprozessen wiederkehrende Aufgabe oder Funktion. Die genaue Durchführung der Aufgabe in einem konkreten Prozess wird durch Bausteinattribute beschreiben. PICTURE besitzt 24 vordefinierte Prozessbausteine.	Siehe Abb. 1.22
Teilprozess	Ein Teilprozess beschreibt eine Sequenz von Arbeitsschritten (Prozessbausteinen), die sowohl organisatorisch als auch fachlich abgrenzt sind, also innerhalb einer Organisationseinheit stattfinden und eine Teilaufgabe innerhalb eines Prozesses erfüllen.	-
Prozess	Ein Prozess erbringt eine Verwaltungsleistung, wie zum Beispiel die Ausstellung eines Anwohnerparkausweises.	-
Variante	Mit Hilfe von Varianten werden alternative Teilprozessabläufe beschrieben. Jede Variante steht dabei für eine Alternative. Dabei wird der Teilprozessablauf in einer Variante vollständig beschrieben, inklusive der Teile, die für mehrere Varianten gleich sind.	-

Tab. 3.6. (Fortsetzung)

Element	Erläuterung	Symbol
Elemente der Organisationssicht		
Organisati onseinheit	Eine Organisationseinheit fasst Stellen und Aufgaben nach meist fachlichen Gesichtspunkten zusammen. Organisationseinheiten werden hierarchisch strukturiert und bilden so die Aufbauorganisation einer Verwaltung ab.	Organisa-tionseinheit Amt 51 Jugendamt
Stelle	Stellen sind abstrakte Einheiten, die zur Übernahme von Aufgabenbündeln gebildet werden. Sie werden eindeutig einer Organisationseinheit zugeordnet und können auch hierarchisch strukturiert werden.	Stelle Sach-bearbeitung
Stellenbes etzung	Stellenbesetzungen bilden die Zuweisung von konkreten Personen zu Stellen ab. Eine Stelle kann auch von mehreren Personen besetzt werden.	Stellen-besetzung Herr W. Schulz
Gremium	Ein Gremium ist Bestandteil der Sekundärorganisation. Es kann regelmäßig oder unregelmäßig sowie zeitlich begrenzt oder unbegrenzt zusammenkommen. Beispiele für Gremien sind Ausschüsse oder Projektteams.	Gremium Budgetplanung Ausschuss
Elemente der Ressourcensicht		
Ressource	Eine Ressource beschreibt technologische Hilfsmittel wie z. B. Software, notwendiges Wissen oder besondere Qualifikation, die in einem Arbeitschritt benötigt werden.	IT/SW/OA/ Textverarb. MS-Word 2003
Elemente der Geschäftsobjektsicht		
Geschäfts-objekt	Ein Geschäftsobjekt beschreibt den Input (z. B. einen Antrag) oder Output (z. B. einen ausgestellten Parkausweis), der von einem Arbeitschritt bearbeitet bzw. produziert wird.	Antrag Genehmigungs-freistellung

hohes Abstraktionsniveau auf. Sie sind als Prozessdokumentation und Grundlage für die Abschätzung von IT-Investitionspotenzialen gedacht. Aufgrund der hohen Abstraktionsebene eignen sie sich jedoch nicht für Anwendungsfälle wie die Software-Entwicklung oder -Einführung.

4 IT-technische Implementierung von Geschäftsprozessen

4.1 Modellierung und Implementierung

Um die Bezüge zwischen den Formalspezifikationen aus der Welt der Geschäftsprozesse und der konkreten IT-Technologie aus einer technischen Gesamtperspektive darzustellen, wird an dieser Stelle von ihrem betriebswirtschaftlich motivierten Zusammenhang abstrahiert. Anwendungssysteme mit Geschäftsprozess-basierter Ausführungslogik können eine erhebliche software- und systemtechnische Bandbreite aufweisen.

Die unterschiedlichsten Modellierungskonzepte haben in der Vergangenheit beim Bemühen, die Implementierungsarbeiten effizient zu gestalten, eine Rolle gespielt. Sie stehen unter strikten Randbedingungen: einerseits müssen die Fachanforderungen eingehalten werden, andererseits legen die Systemplattformen die technischen Voraussetzungen fest.

Dieses Spannungsfeld führt zu komplexen, sich permanent ändernden technischen Herausforderungen, auf die historisch gesehen mit stetiger Innovation reagiert wurde. Schon die früheste Entwicklungsphase der Computerindustrie war durch die Neuentwicklung immer leistungsfähigerer Rechner gekennzeichnet. Zahlreiche Programme wurden bis in die 1960er Jahre direkt in Maschinensprache kodiert. Die Realisierungsaufwände und Anforderungen an die Qualifikation des Personals stiegen mit der zunehmenden Komplexität der Entwicklungsprojekte exponentiell. Das übertrug sich unter anderem auf die Entwicklungskosten und das Risiko von Fehlschlägen.

Mitte der 1960er Jahre machte deshalb erstmals das Schlagwort der „Softwarekrise“ die Runde. Die Softwareproduzenten erkannten, dass nicht nur auf Seiten der Hardware Entwicklungsfortschritte benötigt wurden, sondern auch auf Seiten der Software, um Projekte effektiver abwickeln zu können. Die Fachdisziplin des „Software Engineering“ wurde aus der Taufe gehoben, welche die wissenschaftlichen und methodischen Grundlagen hierfür legen sollte.

Der entscheidende Schlüssel zur Komplexitätsbeherrschung besteht in der Berücksichtigung verschiedener Abstraktionsebenen während des Entwicklungsprozesses, die durch Programmierverfahren, Entwicklungswerkzeuge und Laufzeitumgebungen gezielt unterstützt werden. Auf jeder Ebene spiegeln Modelle ein Abbild der realen Verhältnisse wider:

- Die Ebene der *Funktionsmodellierung* ist für die Implementierung der eigentlichen Ausführungslogik essentiell. Ihre wesentlichen Konzepte gehen in den verschiedenen Programmiersprachen ein, die ihrerseits verschiedenen Paradigmen folgen können (z.B. imperativ als Befehlsabfolge, funktional als Sammlung von Funktionen, logisch anhand von Regelsätzen).
- Die Ebene der *logischen Systemmodellierung* fasst die wesentlichen strukturellen Eigenschaften eines Softwaresystems, insbesondere hinsichtlich seines inneren Aufbaus unter Berücksichtigung der möglichen inneren und äußeren Wechselwirkungen, zusammen. Auf dieser Ebene erfolgt die Identifikation der technischen Basisentitäten, etwa durch Objekt- oder Datenmodellierung. Auch die Modellierung von Ereignissen (Events), die zwischen den verschiedenen Systementitäten (Objekten) ausgetauscht werden können, ist hier anzusiedeln.

- Die Ebene der *technischen Systemmodellierung*, die sich auf verschiedene Aspekte der realen Laufzeitumgebungen bezieht, stellt überhaupt eine der wesentlichen theoretischen Grundvoraussetzungen der modernen Computersysteme dar. Die Modellierung möglicher Systemzustände macht es überhaupt erst möglich, Berechnungen und Algorithmen auf einer hardwaretechnischen Infrastruktur auszuführen, sowie Compiler oder Interpreter zu erstellen (Automatentheorie, vgl. z. B. [Ho03]).

Die modernen Modellierungsverfahren erfassen nicht nur die statische Struktur eines Softwaresystems, etwa dessen Aufbau oder Verteilungsstruktur, sondern berücksichtigen auch dynamische Aspekte, die zur Laufzeit zum Tragen kommen. Sie gehen in die Laufzeitarchitektur eines Systems ein, und können beispielsweise mittels UML-Sequenz- oder-Interaktionsdiagrammen modelliert werden.

Die wichtigsten Meilensteine auf dem Weg zu den heute modernen Entwicklungsmethoden zeigt Abb. 4.1. Der erste Schritt zur Bewältigung der prinzipiell bis heute anhaltenden Softwarekrise fand auf der Ebene der Funktionsmodellierung durch die Entwicklung von Programmiersprachen, die eine symbolische Kodierung der maschinentechnischen Binärinstruktionen erlauben, statt (Assembler). Die Einführung der prozeduralen Sprachen zu Beginn der 1960er Jahre verbesserte die Entwurfsmöglichkeiten des Programmflusses. Sie erlauben die Zerlegung von Ausführungslogik in Funktionen und Prozeduren (Beispiele: Pascal, C). Einen weiteren wesentlichen Beitrag in dieser Richtung lieferten die objektorientierten Programmiersprachen, die die Ebene der logischen Systemmodellierung in natürlicher Weise berücksichtigen und die „Abbildung“ der menschlichen Vorstellungswelt auf softwaretechnische Entitäten vereinfachen. Sie stellen bis heute wichtige Basiswerkzeuge vieler Anwendungsentwickler dar (Beispiele: C++, C#, Java).

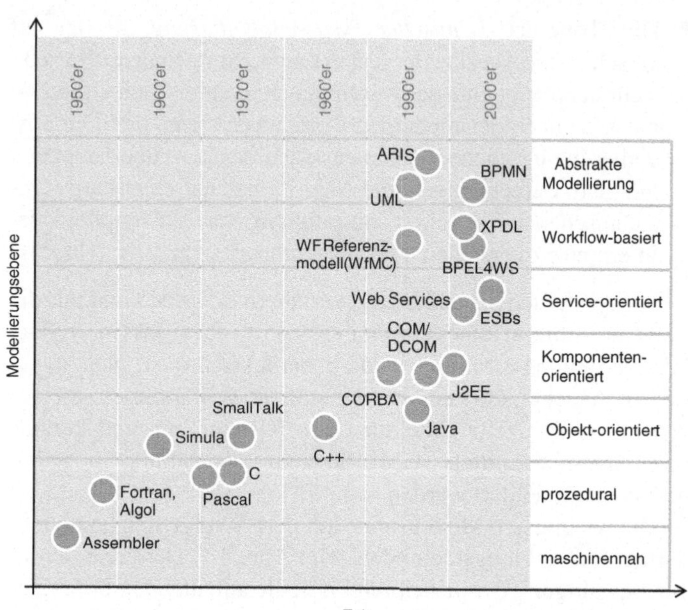

Abb. 4.1. Abstraktionsstufen in der Softwareentwicklung (Auswahl)

Die Softwareentwicklung in objektorientierten Programmiersprachen wird in der Regel durch Anwendung der objektorientierten Analyse (OOA) und des objektorientierten Designs (OOD) flankiert. Sie glätten weitgehend den Strukturbruch, der zwischen dem Systementwurf und der Systemimplementierung unter Verwendung der bis in die 1970er Jahren populären Modellierungsverfahren – der strukturierten Analyse (SA) und des strukturierten Designs (SD) – bestand. In OOA/OOD fließen die Abstraktionsebenen der Zustands-, Funktions-, Daten- und Ereignismodellierung in natürlicher Weise zusammen.

Die technische Systemmodellierung berührt naturgemäß auch die wirtschaftlichen Interessen der Softwareproduzenten, die ihre eigenen Produkte ungern als austauschbare Größe betrachtet sehen wollen. Diese Entwicklungsrichtung wurde dennoch mit der Einführung der Komponententechnologie um das Jahr 1995 gefördert - wohl auch aus einem Mangel an Alternativen, die für den praktischen Einsatz in Projekten ähnlich interessant gewesen wären.

In der Komponententechnologie führen Applikations-Frameworks, die in speziellen Laufzeit-Umgebungen (den Containern) ausgeführt werden, durch normierte Schnittstellen feste Bezugspunkte ein. Über diese werden die Logikbausteine (Komponenten), aus denen sich eine Applikation zusammensetzt in den Container eingebunden. Der Vorteil dieses Verfahrens besteht darin, dass sich die Komponenten in allen Systemumgebungen, die diese Schnittstellenspezifikationen unterstützen, verwenden lassen, und Kommunikation zwischen ihnen durch Anwendung von Standardprotokollen umgesetzt werden kann. Beispiele für solche Applikations-Frameworks sind SUNs JEE-, oder Microsofts COM/DCOM-Framework.

Die modellgetriebene Softwareentwicklung (Model-Driven Software Development, MDSD) fügt den bereits genannten Abstraktionsebenen eine weitere hinzu, indem sie auf einer übergreifenden Modellierungsebene die funktionalen, logischen, und technischen Anteile miteinander verknüpft und damit in einen gemeinsamen Rahmen stellt.

Auf dieser Basis entworfene Modelle bieten potenziell eine hohe Effektivität bei der Entwicklung von Anwendungssystemen. Allerdings ist eine entsprechende Systemimplementierung nur dann effektiv, wenn Modelle und die Entwicklungswerkzeuge optimal auf die IT-technische Infrastruktur abgestimmt sind, um eine durchgängige Entwicklung auch auf der technischen Abstraktionsebene zu erreichen. Erst unter dieser Voraussetzung lassen sich Modelle tatsächlich in Richtung einer direkten Ausführbarkeit bewegen (Domain Engineering, vgl. Kapitel 4.3.3).

Der arbeitsteilige Modellierungsprozess, in den die fachlichen und technischen Anforderungen eingehen, stellt analytische Herausforderungen an die Architekten eines Softwaresystems. Ohne einen exakt passenden Prozess- und Ordnungsrahmen ist es oftmals schwierig, ihn mit den kurzen Änderungszyklen an einzelnen Softwarebausteinen zu vereinbaren, wie sie in der Entwicklungspraxis auftreten können.

Die neuesten Entwicklungen ergänzen daher die beschriebenen Ansätze der Komponententechnologie: Durch die Einführung allgemeiner Standards, die auf unterschiedlichen Technologieplattformen implementiert sein können, wird eine technologieunabhängige und plattformübergreifende Abstraktionsebene eingeführt, oder dieses zumindest versucht. Von den Softwareprodukten, die in einem System ihren Dienst tun, soll dabei idealerweise vollständig abstrahiert werden. Der Weg dahin ist natürlich nicht immer ganz einfach. Ihren bekanntesten Ausdruck findet diese Entwicklung in der Service-orientierten Architektur (SOA), die sich mittlerweile gut dafür eignet, Prozessmodelle auf heterogenen IT-Infrastrukturen zu implementieren und effizient zu betreiben (Beispiel: Web Services auf Basis von HTTP/SOAP).

4.2 Technische Modelle und Architekturen

Unter den Gesichtspunkten der Systemimplementierung sind die Geschäftsprozesse Determinanten der fach- und anwendungsspezifischen Systemfunktionalität. Aus einer derartigen fachlichen Systemspezifikation leitet sich im Idealfall die gesamte Ausführungslogik (Business Logic) des IT-Zielsystems ab.

Diese Vollständigkeit ist allerdings nicht im Sinne unternehmensweiter Datenmodelle (Enterprise Data Models) zu verstehen, die zum Ziel hatten, die ausgerollten IT-Systeme in der vollen technischen Realisierungstiefe zu erfassen und zu spezifizieren. Stattdessen geht es im Umfeld der Geschäftsprozesse darum, Wechselwirkungen und Informationsflüsse zwischen allen an einer Softwarelösung beteiligten Teilelementen und -systemen zu modellieren sowie deren spezielle, fachliche Aufgaben aus einer rein funktionalen Sicht zu beschreiben. Die zu implementierenden Geschäftsprozesse legen zuerst die Fachfunktionalitäten eines IT-Systems fest, und klammern die Details der technischen Umsetzung weitgehend aus.

Mit der Strukturierung und Modellierung der Fachlogik nach den Vorgaben von Geschäftsprozess-Modellen ergeben sich automatisch Fragen nach tragfähigen Abgrenzungs- und Ordnungskriterien, die Anhaltspunkte der technischen Umsetzung bieten.

Sind beispielsweise verschiedene unterschiedliche Softwaresysteme wie Alt- oder Fremdsysteme (Legacy-Systeme) an einer Systemlösung beteiligt, stellen sich Aufgaben aus dem Feld der Systemintegration, um die systemübergreifenden Informationsflüsse technisch zu synchronisieren und aufeinander abzustimmen. Wird hingegen ein Geschäftsprozess nur auf einem einzigen, monolithischen Zielsystem implementiert, muss eine optimale Strukturierung der internen Ablauflogik, die sich aus den Vorgaben des Geschäftsprozesses ergibt, gefunden werden.

Diese Betrachtung macht deutlich, dass vor einer Darstellung der Implementierungsmöglichkeiten von Geschäftsprozessen zu klären ist, was unter einem IT-System, auf dem die Fachfunktionalität letztlich technisch umgesetzt wird, überhaupt verstanden werden soll. Handelt es sich um die Gesamtheit der technischen Funktionsbausteine inklusive der Sub- und Teilsysteme? Oder sind die minimalen Funktionseinheiten, aus denen sich das Gesamtsystem am Ende zusammensetzt, die geeigneten Bezugsgrößen? Für den Systembegriff im Allgemeinen, und damit auch für IT-Systeme im Besonderen werden offensichtlich verlässliche Ordnungskriterien benötigt.

Diesen Zweck erfüllen die so genannten *Metamodelle*: Sie definieren auf einer höheren Abstraktionsebene Konzepte und Regeln, denen ein nach ihrer Maßgabe aufgebautes Modell folgen muss (abstrakte Syntax). Zusätzlich legen sie die Bedeutung aller verwendeten Einzelelemente inklusive ihrer möglichen Querbeziehungen fest (Semantik).

Ihre Verwendung ist in der Welt der technischen Systemmodellierung durchaus verbreitet: So bietet beispielsweise die Object Management Group (OMG) mit der *Meta Object Facility* (MOF) eine eigene, wiederum modellbasierte Sprache an, mit der Metamodelle formal beschrieben werden können. Alle Hilfsmittel der UML2.x sind mittels der MOF definiert (vgl. Kapitel 4.3.4.2). Ein UML-Diagramm wiederum stellt ein Metamodell einer konkreten Implementierung dar, durch eine softwaretechnische Abbildung des ausführbaren Codes auf z.B. Klassen und Methoden.

Die Metamodelle dienen gewissermaßen als Kochrezepte, die einer technisch abstrakten Beschreibungsart und -methode zugrunde liegen. Der IEEE-Standard 1471-2000, der im nächsten Kapitel vorgestellt wird, unterbreitet in diesem Sinn beispielhaft einen Vorschlag für die allgemeine Strukturierung und Beschreibung von IT-Systemen. Erst auf einer derart gefestigten Grundlage ist die Frage nach den Implementierungsmöglichkeiten von Modellen im Allgemeinen, der von Geschäftsprozessmodellen im Besonderen sinnvoll.

4.2.1 Architekturbeschreibung nach IEEE 1471-2000

Der IEEE-Standard 1471-2000 (mittlerweile auch ISO/IEC 42010) gibt den Software-Architekten ein Metamodell – von der IEEE auch als „Konzept-Modell" (Conceptual Model) bezeichnet – an die Hand, welches verschiedene, im IT-Umfeld häufig verwendete Begriffe in eine zusammenhängende Ordnung bringt. Er hilft dabei, Softwaresysteme, bzw. in der IEEE-Terminologie „Software-intensive Systems", treffend zu beschreiben [IS08]. Deshalb wird dieser Standard der weiteren Darstellung dieses Kapitels zugrunde gelegt. Er fasst die folgenden Kernbegriffe in einem Gesamtbild zusammen:

- Den zentralen Ausgangspunkt bildet der Begriff des *Systems*. Ein System entspricht ganz allgemein einer Sammlung von Einzelbausteinen oder *Komponenten*, die in einer sinnvollen Weise zusammengefasst sind, zwischen denen Beziehungen bestehen und die im Sinne einer spezifischen Systemfunktionalität gezielt zusammenwirken.
- Die Anordnung und das Zusammenspiel der Einzelbausteine werden durch die *Systemarchitektur* festgelegt. Darin handelt es sich ebenfalls um einen konzeptionellen Oberbegriff.
- Die Detaillierung der Systemarchitektur geschieht schließlich mit Hilfe von *Beschreibungen* (Descriptions). Sie stellen eine Sammlung von Produkten und Ergebnissen dar, die sich generell für Dokumentationszwecke eignen. Dem muss kein Formalismus zugrunde liegen, sondern es ist alles zugelassen und erlaubt, was Klarheit in den Systemaufbau bringt.
- Diese Systembeschreibungen sind nach *Sichten* (Views) organisiert, sozusagen die inhaltliche Brille, unter denen bestimmte, an der Entwicklung beteiligte *Akteure* (Stakeholder) das System betrachten. Die Unterscheidungsmerkmale und inhaltlichen Schwerpunkte ergeben sich aus den jeweiligen *Standpunkten* bzw. *Perspektiven* (Viewpoints) dieser Akteure, die ihr eigenes *Anliegen* (Concern) verfolgen und daraus die Beschreibungsmodelle definieren.
- Der Standard führt auch den Begriff des *Modells* verbindlich ein: jede der Einzelsichten wird mittels eines oder mehrerer

Modelle beschrieben, die ihrerseits wiederum als Bestandteil des Gesamtsystems betrachtet werden.

Von besonderem Interesse ist eine Passage aus der IEEE-Spezifikation, die feststellt, dass unter einem System „traditionelle Softwaresysteme, Subsysteme und Systeme von Systemen" verstanden werden können. Abbildung 1 stellt die Beziehung zwischen den verschiedenen Begriffen grafisch dar. Hier spiegelt sich eine charakteristische Eigenschaft der IT-Systeme wider, nämlich diejenige der Selbstähnlichkeit oder Skaleninvarianz: Nach der Kombination und dem Zusammenlegen von Systemteilen treten jene kennzeichnenden Strukturen hervor, die schon bei den miteinander kombinierten Einzelteilen für sich genommen beobachtet werden konnten.

In der konsequenten Ausnutzung dieses Prinzips ist es möglich, Softwaresysteme als Modulsammlung zu gestalten und die System-Gesamtarchitektur als Summe der Einzelarchitekturen dieser Module aufzufassen. In der modernen Systementwicklung macht man sich das zunutze, beispielsweise durch die Einführung einer Service-orientierten Architektur mit orchestrierten Diensten (vgl. Kapitel 5.2.1).

Der Systementwurf nach IEEE 1471 stellt zwar Softwaresysteme in den Mittelpunkt, ist jedoch allgemein genug gehalten, um auch auf andere Anwendungsbereiche übertragbar zu sein. Um hier ein Beispiel zu nennen: für die Produktion eines Fahrrads (als „System") ist ebenfalls eine Architektur in dem beschriebenen Sinne erforderlich.

Hierfür sind ebenfalls komplexe Planungsprozesse durchzuführen, beispielsweise in Bezug auf mechanische Entwurfspläne (entspricht der Facharchitektur eines IT-Systems), die Produktionsplanung (entspricht der Planung des Deploymentprozesses) oder den Entwurf eines Vertriebskonzepts (entspricht dem Vorgehen zur Produktivierung). Derartige Planungen können als sicht-

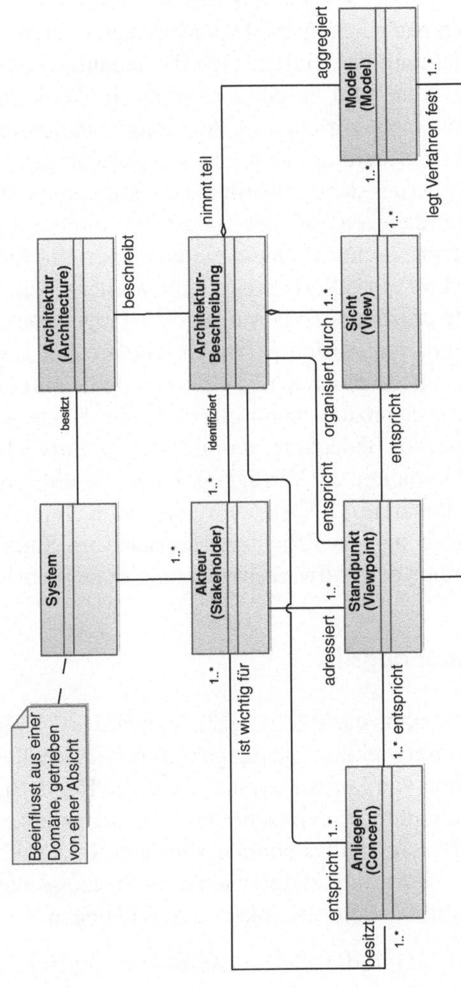

Abb. 4.2. Systemmodell nach IEEE 1471

bare Ausprägungen der Architektur-Beschreibungen verstanden werden, die sich nach entsprechenden Modellen richten.

Diese Betrachtung verdeutlicht, wo die Trennlinie zwischen Prozessmodellierung und Implementierung in konkreten IT-technischen Systemen zu ziehen ist: Aus Implementierungssicht müssen alle Einzelspezifikationen und -beschreibungen zur Systemarchitektur berücksichtigt werden. Geschäftsprozessmodelle beziehen sich dagegen auf einen ganz bestimmten, fachlich geprägten Systemausschnitt, indem sie eine spezielle Sicht auf die Facharchitektur eines Softwaresystems wiedergeben.

Die Geschäftsprozessmodellierung und die Fragen nach geeigneten Implementierungsverfahren waren längere Zeit aus Sicht der Informatik ein Randbereich, da sie die dafür eingesetzten Werkzeuge hier nur unzureichend unterstützten. Heute gewinnt sie dagegen stetig an Bedeutung, da mittlerweile Entwicklungswerkzeuge und Verfahren zur Verfügung stehen, die eine effektive Umsetzung in konkrete IT-Systeme versprechen. Ihre Anwendung soll die Hebung von Effizienzpotenzialen im Sinne einer „Industrialisierung“ der Softwareentwicklung ermöglichen.

4.2.2 Domänenbegriff

Die Systemarchitektur nach dem IEEE-Standard 1471 gibt den Architekten und Entwicklern grundlegende konzeptionelle Hilfsmittel zur Planung von Softwaresystemen an die Hand. Sie wird anhand einer Sammlung von Beschreibungen, denen jeweils unterschiedliche Beschreibungsmodelle zugrunde liegen können, festgelegt. Damit korrespondieren wiederum Systemsichten, denen eigene inhaltliche Schwerpunkte zugrunde liegen:

- Die *Facharchitektur*, die alle Fachanforderungen zusammenfasst, die auf Seiten des Softwaresystems umgesetzt werden sollen.

- Die *Anwendungsarchitektur*, die den strukturellen, logischen Aufbau einer Softwarelösung beschreibt. Sie lässt sich durch die Verwendung der funktionalen Schichtung (Layering) oder der funktionalen Zerlegung (z. B. in Komponenten und Module) auch gut visualisieren.
- Die *Systemarchitektur*, die die Umsetzung eines Systems auf einer konkreten technischen Zielplattform beschreibt. Beispiele hierfür sind etwa spezielle Verteilungssichten, Pläne, oder tabellarische Aufstellungen zur Rechner- und Netzwerkarchitektur.

Die konkrete technische Beschreibung, die diesen einzelnen Sichten zugeordnet ist, erfolgt unter Anwendung unterschiedlicher Modelle. Tab. 4.1 zeigt hierzu einige Beispiele.

Tab. 4.1. Zusammenhang zwischen architektonischen Sichten (bzw. Perspektiven) und Modellen

Sicht (bzw. Perspektive)	Modell	Erläuterung
Facharchitektur	Die Fachmodelle werden für die Festlegung der Fachlogik verwendet, z. B. durch formale Prozessdarstellungen, Use Case-Analysen, oder Freitextbeschreibungen.	Prinzipiell existieren keine Einschränkungen bei der Beschreibung der Fachlichkeit eines Systems. Alle Fachinformationen, ob strukturiert oder unstrukturiert („Sketch Modelle“), können nützlich sein.
Funktionale Schichtung (Anwendungsarchitektur)	Das Modell der funktionalen Schichtung beschreibt die technische Grundstruktur eines Systems, z. B. durch Aufteilung in User Interface, Prozess- und Anwendungslogik, Persistenzschicht.	Modelle der funktionalen Schichtung (Tier) kommen in der alltäglichen Software- und Systementwicklung verbreitet zur Anwendung.

Tab. 4.1. (Fortsetzung)

Sicht (bzw. Perspektive)	Modell	Erläuterung
Funktionale Zerlegung (Anwendungsarchitektur)	Modelle der funktionalen Zerlegung geben die Systemstruktur systematisch wieder, z. B. mit Hilfe von Klassen-, Aktivitäts-, oder Sequenzdiagrammen in der UML.	Diese Sicht der funktionalen Zerlegung ist die wichtigste für die eigentliche Entwicklung eines Softwaresystems. Manchmal wird sie auch als „Design-Sicht" bezeichnet.
Verteilungssicht (Systemarchitektur)	Verteilungsmodelle geben die Anordnung und Interaktion der Systemkomponenten in Entwicklungs-, Test- und Produktivsystem wieder, z. B. mittels Verteilungsdiagrammen (Deploymentdiagrammen) in der UML.	Die Einzelkomponenten eines Softwaresystems unterscheiden sich in ihrer Anordnung zur Entwurfs- und Laufzeit. Dem wird mit einer entsprechenden Paketstruktur (Bibliotheken, Assemblies) Rechnung getragen.

In diesem Zusammenhang spielt in der Welt der Modellierung auch der Begriff der „Domäne" eine große Rolle. Er ist zwar (noch) kein unmittelbarer Bestandteil des IEEE-Standards 1471, kann mit ihm jedoch in Deckung gebracht werden. Der Erfinder des Domain-Driven Designs, Eric Evans, definiert eine Domäne pauschal als „Wissens-, Einfluss oder Aktivitätsbereich" (vgl. Kapitel 4.3.5). Nach der bisherigen Beschreibung kann eine Domäne in der angewandten Informatik folgendermaßen verstanden werden:

Domäne = Zusammenfassung der Inhalte, Konzepte und Ideen, die für eine spezielle Architekturbeschreibung eines Softwaresystems erforderlich sind bzw. genutzt werden. Dem liegen spezielle Anliegen (Concerns) bzw. Sichten/Standpunkte (Views/Viewpoints) zugrunde, unter Verwendung eigener Modelle (Models).

Der Domänenbegriff ist deshalb nützlich, weil er mehrere Beschreibungskriterien einer Systemarchitektur zusammenfasst: einerseits die Sicht bzw. Perspektive auf eine Architektur, und andererseits das für deren Beschreibung verwendete Modell. Dadurch können Ideen und Vorstellungen in Entwicklungsteams gut kommuniziert werden. Aus dieser Betrachtung wird darüber hinaus deutlich, dass auf der einen Seite gleichartige Domänen existieren (solche, die auf derselben Sicht und gegebenenfalls demselben Modell gründen), andererseits aber auch Domänen, die nicht miteinander vergleichbar sind, da ihnen unterschiedliche Sichten und Modelle zugrunde liegen.

Die Entwickler sollten sich selbst immer im Klaren darüber sein, in welcher Domäne sie sich mit ihren Anschauungen gerade bewegen, und das in ihrer Kommunikation auch unmissverständlich ausdrücken, um Fehlinterpretationen und Missverständnisse auszuschließen.

4.2.2.1 Fachdomänen

Besonders wichtige, da in der Praxis der Systemimplementierung bedeutsame Domänen sind die so genannten *Fachdomänen*, die sich folgendermaßen beschreiben lassen:

Fachdomäne = Domäne, die Inhalte zur Facharchitektur enthält. Einer Fachdomäne können unterschiedliche Beschreibungsmodelle zugrunde liegen.

Der Begriff der Fachdomäne wird häufig auf denjenigen der Domäne reduziert, wenn sich der entsprechende Zusammenhang aus dem Kontext heraus ergibt. Fachdomänen werden auch als *vertikale* Domänen bezeichnet. Das Prinzip der Selbstähnlichkeit überträgt sich über die Systeme und Architekturen in natürlicher Weise auf die Domänen, und damit auch auf die Fachdomänen.

Neben den vertikalen existieren auch die *horizontalen* Domänen, die sich auf technische Inhalte konzentrieren. Sie fassen systemtechnisch übergreifende Funktionalität zusammen und können mehrere vertikale Domänen kreuzen. Zu ihren technischen Inhalten zählen beispielsweise Anwenderinteraktion (z. B. Portaltechnologie), Nebenläufigkeit, Transaktionalität, Persistenz, Sicherheit oder Lastaussteuerung (vgl. Abb. 4.3).

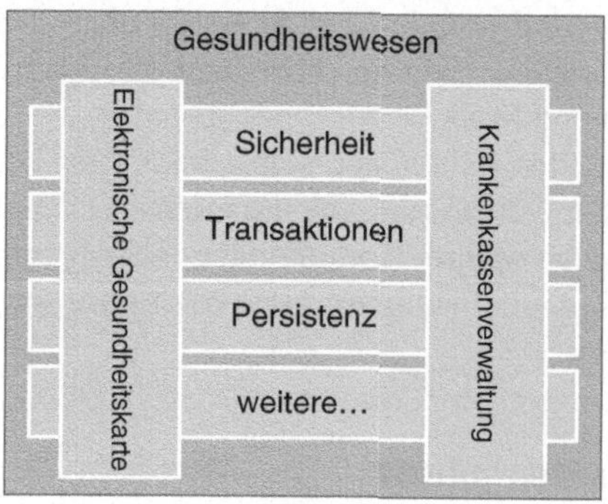

Abb. 4.3. Beispiel für vertikale und horizontale Domänen im Gesundheitswesen

Der Aufbau eines konsistenten *Fachdomänenmodells* bietet in Bezug auf die Projektdurchführung zahlreiche Vorteile, unter anderem folgende:

- Die Wahl des richtigen Abstraktionsgrades ermöglicht eine Konzentration auf die Kernkonzepte der Fachdomäne. Eine Modelloptimierung kann im unmittelbaren Dialog mit den hinzugezogenen Domänenexperten erfolgen.
- Die Fachexperten können an der Erstellung eines Modells selbst gestalterisch mitwirken, was dazu führt, dass ihre Anforderungen und Vorstellungen in einer frühen Projektphase berücksichtigt werden können. Dieser Umstand verringert

die Wahrscheinlichkeit einer später eventuell notwendigen Rückkopplung in einem Projekt.

- Lücken und Mängel im Fachmodell lassen sich mit Hilfe eines durchgängigen Entwurfs in der Frühphase eines Projekts erkennen und beheben. Sollten zu einem späteren Zeitpunkt Systemänderung erforderlich sein, werden diese in dem Modell gesammelt und anschließend auf die technischen Systemanteile übertragen.
- Ein Fachmodell sollte als zentrale Informationsdrehscheibe zwischen den Projektmitarbeitern und den Fachexperten verstanden und verwendet werden. Das kann die interne Projektkommunikation erheblich verbessern. Voraussetzung ist allerdings seine permanente Pflege während der Projektdurchführung.

Unabhängig von den verwendeten Modellen spielt die Übertragung und strukturierte Erfassung des Fachwissens (der Domänen- oder Branchenkenntnis), das die Geschäftslogik einer Applikation prägt, eine entscheidende allgemeine Rolle für die Entwicklung von IT-Systemen. Die Implementierungsarbeiten werden normalerweise von Anwendungsentwicklern ausgeführt, die über eine entsprechende technische Ausbildung verfügen und denen ein direkter Bezug zur umzusetzenden Fachlichkeit häufig fehlt. Sie muss ihnen daher in einer geeigneten und komprimierten Form vermittelt werden.

In der traditionellen Software- und Systementwicklung ist diese Aufgabe Bestandteil einer vorgelagerten Spezifikationsphase, die dazu genutzt wird, um die relevanten Informationen bei den Fachexperten abzufragen. Den Fachexperten sind die im Anwendungskontext tatsächlich relevanten Informationen sowie deren Verarbeitungs- und Kommunikationswege am besten bekannt. Deren Informationen werden von den Fach- und technischen Architekten aufgenommen, gefiltert und in einer präzisen und für die Entwickler verständlichen Form aufbereitet. MDSD und speziell das technische Geschäftsprozessmanagement definieren hierfür einen spezialisierten, geordneten Rahmen.

4.2.2.2 Domänenmodelle

Modelle können in Bezug auf alle Arten von Domänen entwickelt werden. Auch wenn die Fachdomänen häufig im Vordergrund stehen, um die Applikationslogik festzulegen, ist auch die logische Systemmodellierung unter Gesichtspunkten der Implementierung nicht weniger wichtig. Ab einer gewissen Projektgröße ist die formalisierte Darstellung von Domänenmodellen sinnvoll. Dafür existieren verschiedene Gründe:

- Domänenmodelle erweisen sich oft als langlebig, und können für ein Unternehmen einen bedeutenden Wert darstellen, weil sich in ihnen häufig die charakteristischen Organisationsstrukturen widerspiegeln. Zukünftige Systemerweiterungen und -änderungen bauen oft auf bereits vorhandenen Fachmodellen auf. Durch diesen gemeinsamen Ausgangspunkt können dann projektübergreifende Synergien entstehen. So ist etwa das Verfahren des *Domain Engineering* von dem Gedanken der Wiederverwendbarkeit geprägt (vgl. Kapitel 4.3.3).
- Sie sind in dem Maß, in dem sie von der zugrunde liegenden Technik abstrahieren, auf andere Plattformen portierbar und verbessern damit die Möglichkeiten der Weiter- und Wiederverwendung einmal beschriebener Fachzusammenhänge. Eine entsprechende Migrationsstrategie kann so auf bereits vorhandenen Modellen aufbauen.
- Domänenmodelle vereinfachen Aufgaben der Software- und Systemintegration. Eine wesentliche Hilfe hierfür ist die explizite und formale Beschreibung der dafür relevanten Schnittstellen und Kommunikationsbeziehungen.

Neben diesen Kernaspekten der *Wiederverwendbarkeit*, *Interoperabilität* und *Portierbarkeit* fördern Domänenmodelle eine effiziente Softwareentwicklung insbesondere dann, wenn sich aus ihnen unmittelbar oder durch Einschaltung eines oder mehrerer Zwischenschritte ausführbarer Code generieren lässt. Ein gut strukturiertes Modell unterstützt jedoch auch als einfache Projektvorlage die Anwendungsentwickler durch eindeutige Strukturierungsvorgaben und eine aussagekräftige Beschreibung der notwendigen technischen Entitäten.

In den Geschäftsprozess-Modellen handelt es sich um spezifische Domänenmodelle, für deren Erstellung häufig eine eigene, spezialisierte Toollandschaft (z. B. das ARIS-Toolset) zur Verfügung steht.

Manche Anwendungsentwickler begegnen den modellierungsintensiven Entwicklungsansätzen mit einer gewissen Skepsis. Diese liegt darin begründet, dass die modernen Modellierungstools häufig auf grafischen Programmiermodellen (Graphendarstellungen) basieren. Auch wenn das grafische Zusammenstellen der Applikationslogik auf den ersten Blick einfach und intuitiv wirkt, stellt es sich Hinblick auf komplexe Fragestellungen manchmal als mühselig und unübersichtlich heraus.

In jedem Entwicklungsprojekt sollte deshalb vorab geprüft werden, ob und inwieweit die genannten Vorteile eines Domänenmodells tatsächlich zum Tragen kommen können.

4.3 Modellierungs- und Implementierungstechniken

In den letzten Jahren haben sich einige Entwicklungstrends herauskristallisiert, die insbesondere für die Implementierung von Geschäftsprozess-Modellen von besonderem Interesse sind. Im Folgenden wird darüber eine kurze Übersicht gegeben.

4.3.1 Domänenspezifische Sprachen (DSLs)

Die Berücksichtigung der Ebene der funktionalen Abstraktion durch die Entwicklungsprozesse und -werkzeuge (Generatoren, Compiler oder Interpreter) stellt eine wesentliche Errungenschaft in dem Bestreben dar, Implementierungsarbeiten an einem System effektiver und einfacher zu gestalten.

Nicht nur für die Fachdomänen (vgl. Kapitel 4.2.2.1), sondern prinzipiell für alle Domänen gilt, dass sich ihre Experten eines eigenen Fachjargons bedienen, um die entsprechenden Sachverhalte und -probleme darzustellen und untereinander zu kommunizieren.

Deshalb liegt es nahe, für die formale Erfassung der fachlichen Ausführungslogik einen Formalismus anzuwenden, der sich unmittelbar an diesem Fachjargon orientiert. Diese Überdeckung kann Abstimmungsaufwände während der Entwicklungszeit verringern und dabei helfen, die Modellqualität zu steigern.

Ein wichtiges Hilfsmittel stellen in diesem Zusammenhang die so genannten domänenspezifischen Sprachen (DSLs) dar. Zwar existieren sie in der einen oder anderen Form schon länger (etwa als deklarative Programmiersprachen wie SQL, SGML, oder HTML), doch erleben sie in der jüngeren Vergangenheit im Zusammenhang mit der modellgetriebenen Softwareentwicklung (MDSD) eine Art Renaissance. Mittlerweile sind beispielsweise spezielle DSL-Workbenches verfügbar, mit denen sich DSLs für eigene Anwendungszwecke entwerfen und entwickeln lassen.

Die universellen Programmiersprachen sind, gleichgültig welchen Paradigmen sie folgen, formal vollständig, oder technisch gesprochen „Turing-vollständig“. Darin handelt es sich um einen Begriff aus der theoretischen Informatik, der besagt, dass derartige Programmiersprachen dieselben Berechnungen ausführen können, wie eine imaginäre Turing-Maschine. Diese wurde von dem englischen Computerpionier Alan Turing erfunden und gilt als theoretischer Prototyp der modernen Computer, da sie prinzipiell in der Lage ist, jede denkbare berechenbare Funktion und jedes Programm auszuführen.

Die universellen Programmiersprachen sind aufgrund dieser Eigenschaft in ihrer Einsatzbandbreite unbeschränkt anwendbar, was sich für die Software- und Systementwicker in der Praxis als sehr nützlich erweist: Schließlich müssen sie nur eine von ihnen erlernen, und sind anschließend in der Lage, jeden gewünschten Algorithmus damit zu implementieren.

Ein möglicher Nachteil der universellen Programmiersprachenbesteht darin, dass für das Verständnis ihrer Syntax und Semantik entsprechende technische Kenntnisse erforderlich sind, die Inhalte eines Programms von technischen Laien intuitiv nicht erfasst werden können. Auch einfache Algorithmen können in einer derartigen Notation den Anschein einer hohen Komplexität haben, und man muss darin geübt sein, um allein aus der Codedarstellung heraus die Grundideen abzuleiten.

Domänenspezifische Sprachen verzichten ganz bewusst auf diesen universellen Anspruch – ob das auch bedeutet, dass sie ihn prinzipiell nicht erfüllen dürfen, ist umstritten –, und konzentrieren sich auf spezifische Stärken innerhalb einer besonderen Domäne. Die mit ihnen kodierten Eingaben, die auch auf grafischer Ebene erfolgen können, werden anschließend entweder durch spezifische Parser in den ausführbaren Programmcode einer universellen Programmiersprache umgewandelt (Generative Programmierung), oder zur Laufzeit interpretiert (Parser und Interpreter). In einem Zwischenschritt sind auch Transformationen in Darstellungen durch andere DSLs möglich (vgl. Kapitel 4.3.3).

In einem Projekt entsteht häufig ein überflüssiger Kommunikationsaufwand dadurch, dass in Zusammenarbeit mit den Fachexperten Modelle entworfen werden, deren Metamodell gar nicht optimal auf diese Belange angepasst ist. Richtig eingesetzt, können DSLs somit dafür sorgen, dass Beschreibungsmöglichkeiten bereitstehen, für die keine tiefgreifenden IT-Kenntnisse notwendig sind.

XML-Schemata oder Metadaten-Annotationen (oder -Attribute), mit denen der Quellcode der modernen Programmiersprachen Java oder C# angereichert werden kann, stellen Beispiele für DSLs dar. Auch eine unternehmensspezifisch angepasste, auf Basis der UML beruhende Modellierungssprache für Geschäftsprozesse lässt sich als domänenspezifische Sprache auffassen: So definieren UML-Profile selbst eine spezielle Ausprägung der DSLs. Weitere typische Vertreter der DSLs im BPM-Umfeld sind etwa ARIS oder WS-BPEL (Web Services Business Process Execution Language), wobei letztere unter dem Gesichtspunkt der Spezialisierung auf Web Service-basierten Architekturen einer technischen, horizontalen Domäne zuzurechnen ist [OA07].

DSLs sind Bestandteil eines hinter einem Architekturentwurf stehenden Metamodells. Sie bilden ein wichtiges Stilmittel der Entwicklungsmethoden der Software Factories (vgl. Kapitel 4.3.4.1) oder der Model-Driven Architecture (vgl. Kapitel 4.3.4.2).

4.3.2 Frameworks, Patterns und Tools

Im Zuge der Überführung der Modelle in konkrete Systemimplementierungen spielen Frameworks eine herausgehobene Rolle. Sie lassen sich auf verschiedenen Abstraktionsebenen entwickeln, einführen und verwenden. Im Hinblick auf die modellgetriebene Softwareentwicklung sind die folgenden Arten von Frameworks besonders interessant:

- Modellierungs-Frameworks geben den Modellierern Hilfsmittel an die Hand, die die Entwicklungsarbeit erleichtern können. Als Ausdruck des Domänen-Metamodells umfassen sie Lösungsskizzen, -verfahren und Entwicklungsmethoden, die nach dem Baukastenprinzip zu umfassenden Entwurfsvorlagen zusammengestellt werden können. Mit Hilfe derartiger Frameworks lassen sich Referenzmodelle erstellen, die als Blaupausen für spezifische Projektlösungen dienen können. Ein Beispiel für Modellierungsframeworks auf der Ebene der logischen Systemmodellierung stellen etwa Kataloge mit objektorientierten Entwurfsmustern (Patterns) dar, zur Strukturierung objektorientierter Systeme [GaLa05].

- Auf der Applikationsebene bieten Frameworks Unterstützung durch vorgefertigte Implementierungen für spezielle Anwendungsdomänen, in die über vordefinierte Schnittstellen eigene Lösungskomponenten eingebracht werden können (Applikationsframeworks). Ihre Verwendung ist in der Software- und Systementwicklung sehr verbreitet. Diese Frameworks unterscheiden sich von einfachen Programmbibliotheken mit eigenen *Application Programming Interfaces* (APIs) dadurch, dass sie einen eigenen strukturellen Überbau mitbringen: Sie stellen also nicht nur eine Sammlung einfacher Aufrufpunkte für eigene Entwicklungslösungen der Anwendungsentwickler dar. SUNs JEE-Framework für Java-basierte, unternehmensweite Anwendungssysteme ist hierfür ein gutes Beispiel.

Im Unterschied zu formalen Metamodell-Spezifikationen stellt die Anwendung von Frameworks in einem Projekt keine notwendige Voraussetzung dar, sondern bietet eine Hilfestellung und Unterstützung in Bezug auf regelmäßig wiederkehrenden Frage- und Problemstellungen einer Anwendungsdomäne. Sie geben einen möglichen Lösungsrahmen vor, mit dem die Effektivität und Produktivität des Entwicklungsprozesses gesteigert werden kann.

Aus Sicht der Systemimplementierung stellt sich die Frage, wo die Unterschiede zwischen einem mit Hilfe einer DSL beschriebenen ausführbaren Modell, und einer Framework-Einbindung liegen. Letztere können bereits wichtige Anteile der Fachlogik enthalten. Applikationsframeworks, die eingebundene Spezialbibliotheken verwenden, sind seit langem ein unverzichtbares Hilfsmittel in der Softwareentwicklung, und weisen eine viel höhere Verbreitung als Modellgeneratoren auf.

Letztlich bieten auch Frameworks eine Art von domänenspezifischer Sprache oder Formalismus, die sich aus den Integrationsschnittstellen heraus definiert und nahtlos in die bestehenden Entwicklungsumgebungen integriert werden kann. So steuern innerhalb des JEE-Frameworks etwa spezielle Deskriptoren das Deployment der Lösungskomponenten.

Die Verwendung formal ausgeprägter DSLs erfordert gegenüber den Frameworks allerdings aufwändigere Vorbereitungen: Die Anforderungen an die Sprache müssen aufgenommen und die entsprechenden Generatoren zur Verfügung gestellt werden (Domänenimplementierung). Die Anwendungsentwickler müssen zusätzlich zur eigentlichen Implementierungssprache auch die DSL beherrschen, insbesondere im Hinblick auf die notwendigen Aktionen und Konfigurationen zur Umsetzung der Modellentwürfe in eine konkrete Implementierung. Daraus ergeben sich verschiedene Abgrenzungskriterien zwischen DSLs und Frameworks, die im Zuge der Implementierung berücksichtigt werden sollten:

- Der Einsatz eigener DSLs zur Modell-Formalnotation ist dann sinnvoll, wenn das Projekt eine gewisse Größe besitzt und Domänenexperten unmittelbar an der Entwicklung beteiligt sind. Eine DSL kann projektspezifisch definiert werden, jedoch sollte zuerst geprüft werden, ob sich nicht eine bereits existierende DSL für diesen Zweck weiterverwenden lässt (beispielsweise durch Import vorhandener UML-Profile).

- Die Verwendung von Frameworks erbringt einen Mehrwert, wenn eine erhebliche funktionale Bandbreite und Tiefe unter einem minimalen formalen Aufwand in einem Projekt verfügbar gemacht werden sollen. Ihr Einsatz lohnt sich in Projekten mit kleineren und kompakten Modellen, bei denen kein großer Kommunikationsaufwand zwischen den Fachexperten und Entwicklern besteht, oder für Lösungen, die von den Fachexperten selbst entwickelt werden.

Frameworks können insbesondere in technischen Domänen den Vorteil einer höheren Produktivität bieten, indem sie für eine zu lösende Aufgabe bei exakt passendem Abstraktionsgrad einen minimalen formalen Mehraufwand erforderlich machen (etwa zur Entwicklung von Webanwendungen, wie *Java Server Faces*). Die Wiederverwendbarkeit und Zuverlässigkeit der Frameworks lässt sich mittels generischer Programmierverfahren, die sich auf die Kernalgorithmen fokussieren, steigern. Ein Beispiel hierfür ist die Standard Template Library für C++.

In einem Entwicklungsprojekt steht die simultane Verwendung von DSLs und Frameworks nicht in Widerspruch zueinander, sondern sie ergänzen sich gegenseitig. Dieser Bezug spiegelt sich auch in den beiden möglichen Ausprägungen der DSLs wider:

- Interne DSLs setzen auf einer vorhandenen Wirtssprache, meistens einer universellen Programmiersprache, etwa Java oder C#, auf. Mit Hilfe der internen DSLs lassen sich neue Sprachmittel, die funktionale Spezialisierungen zum Inhalt haben, realisieren. Interne DSLs können deshalb in natürlicher Weise mit den für die Programmierumgebung vorhandenen Frameworks auf der gemeinsamen Basis, die seitens der Wirtssprache zur Verfügung gestellt wird, verbunden werden. Ein prominenter Vertreter hierfür ist beispielsweise das *xUnit*-Testframework, das für verschiedene Programmiersprachen und -plattformen eingesetzt werden kann.

- Externe DSLs benötigen dagegen spezielle Parser (Front-Ends) und stellen in diesem Sinne eigenständige Programmiersprachen dar. Die Auswertung der Quellcodes kann entweder in eigenen Compilern, oder auch Interpretern erfolgen. Ein typischer Vertreter einer externen DSL ist Microsofts *Extensible Application Markup Language* (XAML), mit der sich Workflows beschreiben lassen (vgl. Kapitel 5.2.4).

Die Verwendung von DSLs und die Modellierung benötigt eine tragfähige Grundlage, die sich aus verschiedenen Bausteinen zusammensetzt.

Domänenspezifische Entwurfsmuster (Design Patterns), oder auch vordefinierte Metamodelle, die den Modellentwurf erleichtern können, spielen eine wichtige Rolle. Mit Hilfe dieser Vorlagen lassen sich Fehler und Unvollständigkeiten im Systemdesign frühzeitig erkennen und vermeiden. Design Patterns zeigen Lösungsmöglichkeiten für spezielle Teilprobleme auf, die in einer Domäne auftreten können. Ihr Vorteil besteht darin, dass sie bereits optimiert sind und Gesichtspunkte mit einbeziehen, die den Modellierern selbst gar nicht direkt bewusst sein müssen. Ein technisches Beispiel hierfür ist das Model-View-Controller (MVC)-Pattern, welches eine weitreichende Isolation der Anzeigelogik von den angezeigten Inhalten und Daten gestattet. Dessen unmittelbare Anwendung mag umständlich erscheinen, bringt jedoch einen eindeutigen, architektonischen Mehrwert.

Die Verwendung von Modellierungsframeworks kann darüber hinaus die Qualität einer Modellierung steigern. Ein gutes Beispiel sind BPM-Entwurfsumgebungen, die auf der Service-orientierten Architektur aufbauen können (z. B. WS-BPEL-Editoren).

4.3.2.1 CASE-Tools

Die Verfügbarkeit exakt passender und leistungsfähiger Entwicklungswerkzeuge ist darüber hinaus ein ebenfalls entscheidender

Faktor für die erfolgreiche Umsetzung des modellgetriebenen Entwicklungsansatzes. Eine derart optimierte Toolunterstützung wird seit den frühen 1980er Jahren unter dem Schlagwort der CASE-Tools (Computer-Aided Software Engineering) zusammengefasst. Diese Tools sind häufig Bestandteil der integrierten Entwicklungsumgebungen (IDEs), die von Seiten der Modellierer und Anwendungsentwickler verwendet werden.

Der größte Vorteil der CASE-Tools besteht in der Zusammenführung der Ergebnisse der verschiedenen Teilmodellierungen in einer zentralen Datenbank. Dadurch lässt sich die Konsistenz des Gesamtmodells in allen Teilaspekten sicherstellen und an einer einzigen Stelle validieren. Überdies können die Modelle mit den in dieser zentralen Datenbank vorhandenen Konfigurationen – etwa formal kodierter Metamodelle – abgeglichen werden, so dass hier einheitliche Rahmenbedingungen bestehen. Das kann gerade in größeren Projekten mit verteilten Entwicklerteams vorteilhaft sein. MDA-Frameworks setzen an diese Stelle das so genannte UML-Repository, welches ein Abbild des Softwaresystems nach dem Verständnis des IEEE 1471-Standards darstellt. Modelliert wird anhand verschiedener Sichten, für die entsprechende Repräsentationen aus dem UML-Repository erzeugt werden.

Durch die zentrale Verwaltung der verschiedenen Teilmodelle sowie eine entsprechende Versionierung lassen sich die Fortschritte im Entwicklungsprozess gut dokumentieren und bewerten. Der Entwicklungsprozess wird dadurch stabiler und effizienter.

4.3.3 Domain Engineering, Generative Programmierung

Eine wichtige Modellierungstechnik im Umfeld der modellgetriebenen, und damit für das Umfeld des BPM gut geeigneten Vorgehensmodellen zur Softwareentwicklung ist diejenige des *Domain Engineering*. Darunter ist ein Vorgehen zur strukturierten Erfassung der Domänenanforderungen zu verstehen, mit dem Ziel, wiederverwendbare Strukturen und Zusammenhänge zu identifizieren, um diese schließlich in ausführbare Softwarekomponenten umzuwandeln [CM07]. Dieses Vorgehen setzt sich aus den folgenden drei Schritten zusammen:

- Im Zuge der *Domänenanalyse* (Domain Analysis) erfolgt eine grundlegende fachliche Eingrenzung der betrachteten Domäne. Es wird versucht, Gemeinsamkeiten zwischen Modellen bereits existierender Systemen aufzufinden und die wiederverwendbaren Elemente zu isolieren. Das Ergebnis der Analyse besteht in einem Domänenmodell (Domain Model), welches die charakteristischen Eigenschaften der möglichen Systeme einer Domäne aus einer globalen Sicht heraus beschreibt.
- In der Phase des *Domänenentwurfs* (Domain Design) wird anhand der Ergebnisse der Domänenanalyse eine Referenzarchitektur konstruiert (Reference Architecture).
- In der Phase der *Domänenimplementierung* (Domain Implementation) wird schließlich ein umfassendes Implementierungsframework definiert und abgesteckt. Diejenigen Hilfsmittel, benötigt werden, um eine Referenzarchitektur konkret zu implementieren, werden beschrieben. Dazu zählen beispielsweise die Formalspezifikation des Metamodells, oder die Festlegung der angewendeten Beschreibungsformalismen (z.B. MOF, UML). Auch die Auswahl eventuell benötigter Generatoren, auf die im Folgenden noch eingegangen wird, fällt darunter.

Die Entwicklung eines Anwendungssystems auf Basis der Domänenimplementierung geschieht im Zuge des so genannten *Application Engineering*.

Das Domain Engineering bildet eine Voraussetzung für die Anwendung der Konzepte der generativen Programmierung.

Damit stehen die Verfahren bereit, automatisch ausführbare Komponenten bzw. Kompilate aus einem Domänenmodell heraus zu erzeugen, welches auf einer entsprechenden Referenzarchitektur basiert.

Die wichtigsten Werkzeuge der generativen Programmierung sind die Generatoren, die als technische Sprachwandler fungieren. Sie lesen auf der Eingabeseite ein Sprachkonstrukt ein, verändern dieses und geben ein dementsprechend geändertes Sprachkonstrukt aus. Auch Compiler, die einen ausführbaren Programmcode erzeugen, lassen sich als eine besondere Generatoren-Klasse auffassen. So gesehen transformiert Microsofts C#-Compiler etwa den entsprechenden Quellcode in die Zwischensprache der MSIL (Microsoft Intermediate Language). Den Generatoren können verschiedene Wirkungsweisen zugrunde liegen:

- Horizontale Transformationen überführen eine bestehende Modellbeschreibung, basierend auf einer DSL, in eine neue Darstellung unter Beibehaltung der Abstraktionsebene. Die grundlegende Modellstruktur kann sich ändern, durch Anreicherung mit Konfigurationsdaten, oder durch die Zusammenführung und Konsolidierung verschiedener Modellbeschreibungen. Ein Beispiel hierfür stellen UML-basierte M2M (*Modell-to-Modell*)-Transformationen der MDA dar (vgl. Kapitel 4.3.4.2). Generatoren, die horizontale Transformationen ausführen, werden auch als Transformatoren bezeichnet. Hierfür kann beispielsweise der OMG-Standard der Query-Views-Transformationen (QVT) verwendet werden, der für M2M-Transformationen von UML-Diagrammen optimiert ist [OM07].
- Vertikale Transformationen lassen dagegen die Grundstruktur eines Modells (oder Programms) unverändert, und überführen es stattdessen auf eine neue Abstraktionsebene. Ein Anwendungsbereich derartiger Transformationen findet sich

beispielsweise in CASE-Tools, die UML-Diagramme in einen ausführbaren Code übersetzen können. Überführt man Modelle in textuelle Codezeilen, die compiliert werden können, so wird auch von M2T (*Modell-to-Text*)-Transformationen gesprochen.

Daneben sind auch Mischformen dieser beiden Varianten möglich (so genannte schiefe Transformationen). Die generative Programmierung lässt sich ganz allgemein auf DSL-Beschreibungen anwenden, also auch auf grafisch ausgedrückte Modelle (etwa UML-Diagramme). Eine Übersicht hierzu zeigt Abb. 4.4.

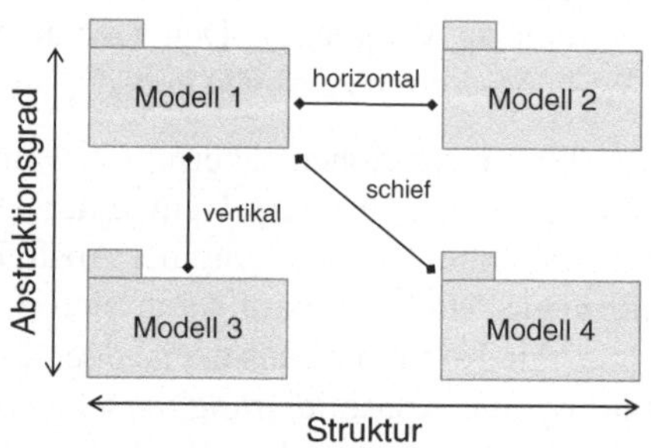

Abb. 4.4. Mögliche Modell-Transformationen

Die Anwendung vertikaler Transformationen kann eine Systemmigration auf alternative technische Plattformen erleichtern. Entsprechende Kompatibilität der Modellierungsumgebung vorausgesetzt, müssen hierfür lediglich die eingesetzten Generatoren ausgetauscht werden, die dasselbe Eingangsformat verarbeiten können, jedoch ein anderes, auf die neue technische Plattform angepasstes Ausgabeformat erzeugen. Strukturelle Modellverbesserungen, insbesondere im Hinblick auf die nichtfunktionalen Systemeigenschaften, fallen unter Tätigkeiten des

Refaktorisierens (Refactoring, vgl. Kapitel 4.5.4.1). Dabei können horizontale Transformationen eingesetzt werden.

Die innere Struktur einer Domänenimplementierung ist nach dem Verfahren des Domain Engineering fest vorgegeben. Da sie die geeigneten Modellierungsframeworks festlegt, darunter auch die Art und Funktionsweise der verwendeten Generatoren, spricht man in Bezug auf den konkreten Modellentwurf mittels einer spezifischen DSL deshalb auch von einer „Konfiguration".

Nach diesem Verständnis könnte man beispielsweise den Entwurf eines Prozesses zur Bestellabwicklung als „spezifische Konfiguration einer Referenzarchitektur, die für die Domäne der Bestellungen und ihrer Verwaltung implementiert wurde" auffassen. Auch wenn das in der Praxis wohl kaum so kompliziert formuliert wird, werden dadurch die verschiedenen, zu berücksichtigenden Abstraktionsebenen noch einmal deutlich.

Insbesondere im Hinblick auf die Modellierung von Geschäftsprozessen kommen Generatoren verbreitet zum Einsatz. So können zahlreiche BPM-Editoren grafische Geschäftsprozess-Notationen, etwa auf Basis der Business Process Modeling Notation (BPMN), als WS-BPEL-Beschreibungen exportieren. Diese können von Workflow-Engines häufig wiederum ohne größere Nachbearbeitung im Sinne einer Implementierung verarbeitet werden.

Vertikale Transformationen sind auch über hierarchische Abstraktionsebenen hinweg anwendbar: Mit Microsofts Workflow Foundation-Designer lässt sich eine grafische Workflowbeschreibung im XAML-Format exportieren, und dieses wiederum mit einem XAML-Compiler in ausführbaren (C#-)Code umwandeln. In einem Folgeschritt wird dieser Code mit Hilfe des .NET-Standardcompilers in die MSIL (Bytecode) überführt, die selbst wiederum zum Ausführungszeitpunkt in das letztlich maschinenlesbare Format kompiliert wird (vgl. Kapitel 5.2.4).

Es liegt auf der Hand, dass sich durch die Erzeugung ausführbarer Programmcodes, oder zumindest von Codevorlagen (Templates), die Implementierungs- und Testaufwände, die für die Erstellung eines Anwendungssystems benötigt werden, potenziell erheblich reduzieren lassen.

In den Generatoren und ihrem Einsatz in der modellgetriebenen Softwareentwicklung handelt es sich um keine neue Erfindung: So konnte die Specification and Description Language (SDL) der ITU-T, die Anfang der 1990er Jahr entwickelt wurde, bereits direkt in ausführbaren Code übersetzt werden. Auch der Ansatz der Executable UML (xUML), die einen spezifischen Rahmen für UML-Modelle vorgibt, kann für den Entwurf ausführbarer Modelle verwendet werden.

Besonders hohes Potenzial birgt dieser Ansatz im Hinblick auf die mittlerweile sehr verbreitete Service-orientierte Architektur, die im Umfeld der verteilten Systeme Anwendung findet. Die in derartigen Systemen eingesetzten Prozess- oder Workflow-Managementsysteme sind in der Lage, formal beschriebene Workflows (oder Prozesse) direkt zu interpretieren und auszuführen. Damit sich diese in die entsprechende Systemarchitektur sinnvoll einfügen, sind allerdings geeignete systemtechnische Voraussetzungen erforderlich (vgl. Kapitel 4.5).

4.3.4 Entwicklungsmethodik

Aktuell stehen hinsichtlich der modellgetriebenen Softwareentwicklung (MDSD) zwei Entwicklungsmethoden im Mittelpunkt: Auf der einen Seite diejenige der Software-Fabriken (*Software Factories*), gefördert insbesondere durch Microsoft, und auf der anderen Seite die seitens der OMG vorangetriebene *Model-Driven Architecture (MDA)*.

Ihnen liegen keine grundlegend neuen Konzepte zugrunde, sondern sie fassen vielmehr die wichtigsten Entwicklungsansätze der letzten Jahre in einem einheitlichen Entwurf zusammen. Dazu zählen die Ideen einer durchgängigen Softwaremodellierung, der konsequenten Anwendung von Transformationen (Generative Programmierung) und der Entwurfsprinzipien der Objekt-Orientierung unter intensiver Einbeziehung von Entwurfsmustern (Design Patterns). Eine ebenso große Rolle spielen Architekturen und Architekturkonzepte, die eine Grundlage einer konsequenten, detaillierten Planung der Softwaresysteme nach allgemein anerkannten Entwurfsgrundsätzen bilden (Referenz-Architekturen). Die zeitgemäßen Konzepte der agilen und testgetriebenen Entwicklung werden darüber hinaus mit einbezogen.

4.3.4.1 Software-Fabriken (Software Factories)

Die Grundideen der Software-Fabriken (Software Factories) basieren auf denjenigen des Domain Engineering. Domänenimplementierungen, die die Gemeinsamkeiten gleichartiger Systeme zusammenfassen, entsprechen spezialisierten Software-Produktlinien.

Die Software-Fabriken setzen den Entwicklungsrahmen zur modellgetriebenen „Produktion" der konkreten Softwaresysteme aus diesen Produktlinien. Dabei wirken drei Schlüsselelemente zusammen: ein Schema, ein daraus abgeleitetes Template sowie eine integrierte Entwicklungsumgebung, welche als CASE-Tool die Rolle eines Konfigurators übernimmt.

Einem Schema liegt der im IEEE 1471-Standard beschriebene Systembegriff zugrunde (vgl. Kapitel 4.2.1). Es setzt sich aus den so genannten Zellen zusammen, die jeweils eine spezielle Sicht (View) auf die Systemarchitektur repräsentieren. Jede Zelle umfasst die benötigten Artefakte, Patterns und Tools, die für die Architekturbeschreibung erforderlich sind. Zusätzlich können hier auch Prozessvorgaben berücksichtigt werden. Ein Schema stellt einen wichtigen Baustein des Domänen-Metamodells dar.

Ein Template steht für eine konkrete Schema-Implementierung, z. B. eine Beschreibung der verwendeten Tools, Vorgaben zum Entwicklungsprozess, Beispielimplementierungen, Metadaten, DSL-Editoren oder Style Sheets. Auf dieser Ebene werden auch alle Systemkomponenten bereits hart kodiert, die für alle Systeme einer Systemfamilie identisch sind. Templates fassen damit die technischen Voraussetzungen für die konkrete Implementierung eines Softwaresystems zusammen, einer Domänenimplementierung des Domain Engineering entsprechend.

In einem abschließenden Fertigungsschritt erfolgt innerhalb einer dafür geeigneten, integrierten Entwicklungsumgebung (dem CASE-Tool) die gezielte Konfiguration eines Template. Das geschieht im Hinblick auf das erwartete Endprodukt, des ausführbaren Softwaresystems. Die Entwicklungsumgebung wirkt als eigentliche Fabrik, die nach den „Plänen" der Schemata und Templates die benötigten Produktionsschritte ausführt. Es sind die für die Softwareentwicklung typischen Aktivitäten auszuführen, die sich im Idealfall auf die Konfiguration durch DSLs sowie der übrigen variablen Bestandteile eines Systems, die angepasst (customisiert) werden müssen, beschränken. Am Ende steht ein customisiertes, deployment- und lauffähiges Softwaresystem, als Mitglied der domänenspezifischen Softwarefamilie, für die eine Software-Fabrik ausgelegt ist.

Microsoft hat seine Entwicklungsumgebung „Visual Studio Team Edition" einerseits im Hinblick auf die Konstruktion der Software-Fabriken optimiert, andererseits auch für eine weitgehend automatisierte Produktion fertiger Softwaresysteme. Auf verschiedenen Konfigurationsebenen wird den Schema- und Template-Definitionen Rechnung getragen (z. B. Guidance Automation Toolkit, Domain Specific Language Tools, Distributed Systems Designer, Class Designer). Microsoft bietet darüber hinaus verschiedene Vorlagen für Software-Fabriken zum Herunterladen an, darunter solche für Web Services oder Web/Smart Clients [MS08b].

4.3.4.2 MDD, MDA (OMG-Standards)

In den Bezeichnungen des Model-Driven Development (MDD) und der Model-Driven Architecture (MDA) handelt es sich um eingetragene Marken der OMG. Sie beziehen sich auf die wichtigsten Standardisierungsinitiativen der OMG auf dem Gebiet der modellgetriebenen Softwareentwicklung, und führen verschiedene und bereits vorhandene OMG-Basisstandards wie UML oder CWM in einem konsistenten Architektur- und Vorgehensmodell zusammen (vgl. Tab. 4.2).

Das UML-Metamodell bildet eine wesentliche Grundlage der Softwaremodellierung nach den Konzepten der OMG. Interessant ist in diesem Zusammenhang die Tatsache, dass es sich in der UML selbst um eine universelle Programmiersprache handelt: Alle Lösungsideen aus dem Umfeld der Domänenmodelle lassen sich deshalb prinzipiell durch entsprechende grafische UML-Notationen ausdrücken. Deren Metamodell setzt sich aus den folgenden Bausteinen zusammen (vgl. Abb. 4.5):

- Die Infrastruktur-Bibliothek (Infrastructure Library) fasst die Kernentitäten zusammen, die für MOF- und UML-(Meta-) Modelle erforderlich sind (z. B. Klassen, Pakete). Sie bilden gewissermaßen das Grundvokabular, auf dem alle UML-Modelle aufbauen.
- Superstruktur und MOF basieren auf der Infrastruktur-Bibliothek. Die Superstruktur kann Beziehungen einerseits unmittelbar zur Infrastruktur, andererseits zu einem MOF-Metamodell besitzen. Sie definiert die bekannten UML-Diagrammarten, etwa Klassen-, Sequenz- oder Aktivitätsdiagramm.

Daneben stehen die OCL, die für eine separate Modellvalidierung eingesetzt werden kann, sowie Formatfestlegungen für den Export und Import von Modellen einer UML-Diagrammdarstellung (XMI, HUTN).

Tab. 4.2. OMG-Standards aus dem MDA-Umfeld

OMG Standard	Beschreibung
CWM (Common Warehouse Metamodel)	Metamodell für die Beschreibung eines Data Warehouse durch Metadaten, welches einen einfachen Datenaustausch mit Auswertetools oder Daten-Repositories ermöglicht.
HUTN (Human-Usable Textual Notation)	Zielformat der Umwandlung von UML-Modellen in eine textuelle Darstellung. Die Darstellung ist im Hinblick auf die Verständlichkeit durch menschliche Anwender optimiert.
OCL (Object Constraint Language)	Streng typisierte Deklarationssprache, mit der Gültigkeitsregeln eines Modells ausgedrückt werden können.
MOF (Meta Object Facility)	Modellbasierte Sprache für die Beschreibung von Metamodellen, auf deren Grundlage auch die UML 2.x-Standards definiert sind.
UML (Unified Modeling Language)	Wichtiges Hilfsmittel für die grafische Modellierung von Softwaresystemen innerhalb der MDA. Zahlreiche unterschiedliche Diagrammtypen für die unterschiedlichen Sichten auf die Systemarchitektur. Wird auch unabhängig von der MDA in der Spezifikationsphase und Modellierungsphase von Softwaresystemen verbreitet eingesetzt.
XMI (XML Metadata Interchange)	Zielformat der Umwandlung von MOF- und UML-Modellen, das Import und Export von (Meta-)Modellen zwischen verschiedenen Tools ermöglicht.

Mit Hilfe des MDD drückt die OMG ihr eigenes Verständnis dieser Entwicklungsrichtung aus, das sich im Wesentlichen mit den allgemein bekannten und bereits dargestellten Konzepten der modellgetriebenen Softwareentwicklung deckt (etwa hinsichtlich der Domänenmodelle oder der Generativen Programmierung). Die MDA beschreibt im Sinne einer möglichen

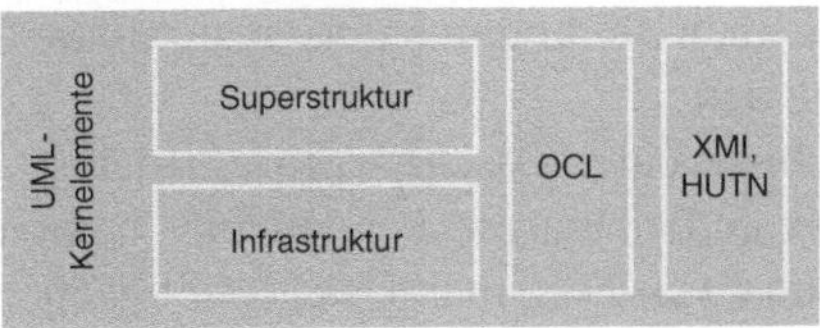

Abb. 4.5. Elemente des UML2.x-Stacks

Ausprägung und Spezialisierung des MDD anhand verschiedener Spezifikationen und Konzepte [GrPiRö06].

Ein MDA-getriebener Entwicklungsprozess beginnt mit der Konstruktion eines Fachdomänen-Modells, das von den konkreten, technischen Details abstrahiert. In diesem wird das Wissen einer Fachdomäne, welches in einem rechnerunabhängigen Modell (Computation Independent Model, CIM) formalisiert werden kann, sowie unter der Berücksichtigung allgemeiner Architekturgrundsätze für Softwaresysteme strukturiert erfasst. Das Fachdomänen-Modell wird auch als Plattform-unabhängiges Modell bezeichnet (Platform-Independent Model, PIM), und weist bereits einen technischen Charakter auf. Mit den entsprechenden Entwicklungswerkzeugen und Tools kann es durch UML-Diagramme dargestellt, bearbeitet und verändert werden.

Ein Generator (bzw. Transformator) transformiert das PIM anschließend in das so genannte Plattform-spezifische Modell (Platform-Specific Model, PSM).

Die Beschreibung dieser Transformation geschieht durch Auswertung entsprechender Regelsätze, die in einem Transformationsmodell (Transformation Description Model, TDM) zusammengefasst sind. Zusätzlich fließen auch die technischen Spezifika einer Plattform, die von einem Plattform-Beschreibungsmodell (Platform Description Model, PDM) dargestellt werden, ein. Sofern erforderlich, können die PSMs im Anschluss daran manuell erweitert, angepasst und konfiguriert werden, bevor sie schließlich in den lauffähigen Code überführt werden.

PSMs können auch direkt durch eine ausführbare Codebasis repräsentiert werden.

Die Ergebnisse einer Geschäftsprozessanalyse sind im Rahmen der MDA in dem entsprechenden CIM zu berücksichtigen. Die UML kann zwar die syntaktische Richtigkeit eines Modells sicherstellen, nicht jedoch die semantische, jedenfalls solange nicht, wie kein formales Metamodell des Domänenmodells selbst vorliegt (was den Regelfall darstellt).

Um hier zusätzliche Sicherheit zu gewinnen, kann auf ergänzende Modellierungs-Frameworks zurückgegriffen werden. Ein solches stellt beispielsweise das Vorgehensmodell der Objektorientierten Geschäftsprozessmodellierung (OOGPM) dar. Es definiert einerseits ein Vorgehensmodell, um den betriebswirtschaftlichen Hintergrund der Geschäftsprozessanalyse zu strukturieren und vollständig zu erfassen. Andererseits werden auch entsprechende UML-Erweiterungen in Form von Stereotypen und UML-Profilen zur Verfügung gestellt, um neue, in der Geschäftsprozessanalyse benötigte Modellelemente, beispielsweise Geschäftsregeln oder Organisationsstruktur, gezielt zu modellieren [OE03]. Die Summe der UML-Modelle eines CIM repräsentiert schließlich das Domänenmodell.

In der jüngeren Vergangenheit hat die OMG selbst das Business Process Definition Metamodel (BPDM) verabschiedet [OM08]. Es legt unter Verwendung des MOF einen globalen Rahmen für die Erstellung von Modellen für Geschäftsprozesse fest, und deckt unter anderem auch die Elemente der BPMN-Modellierung ab. Dabei wird auf die folgenden Strukturmerkmale Bezug genommen:

- Koordinationsmuster, z.B. Workflows oder Choreographie, durch Abbildung auf Aktivitäten und Unterprozesse mit Anwenderinteraktionen,
- Parallele Prozesse,

- Berücksichtigung von bedingten Ausführungen (Auswertung von Ausdrücken),
- Transaktionsklammern inklusive Kompensationshandlern (Rollback),
- Integration von Rollenmodellen, Verantwortungsbereichen, oder Kollaborationen (z. B. über Schwimmbahnen/Swimlanes).

Die Kombination von BPMN, vor dem Hintergrund einer funktional mächtigen BPDM verspricht zukünftig eine Stütze in der Welt der technischen Systemmodellierung zu werden, auch im Hinblick auf konkrete Implementierungsfragen.

4.3.5 Domänenzentrierte Entwicklung (Domain-Driven Development)

Die Modellierung der Geschäftsprozesse konzentriert sich auf die strukturierte Erfassung der Anforderungen aus den Fachdomänen. Derartige Modelle sind im Zuge der Implementierung in die Fachlogik eines Anwendungssystems zu überführen.

Eine größere Aufmerksamkeit hat in diesem Zusammenhang ein Metamodell eines domänenspezifischen Fachmodells erregt, das von Evans vorgeschlagen wurde [Ev03]. Ergänzt wird dieses durch eine Standardarchitektur, die im Hinblick auf die Ausführung entsprechend dargestellter Fachlogik optimiert wurde.

Der Oberbegriff der domänenzentrierten Entwicklung (*Domain-Driven Development*) fasst diese Konzepte zusammen. Als elementare Bausteine seines fachlichen Metamodells nennt Evans folgende:

- Die Basisobjekte einer Fachdomäne werden durch datentechnische Entitäten (Entities) repräsentiert, die einen eigenen Lebenszyklus durchlaufen und einen eindeutigen Schlüssel zugewiesen erhalten. Sie weisen Zustände auf, die sich in

Änderungen ihrer Attribute widerspiegeln. Sie können gespeichert (persistiert) werden.
- Value-Klassen sind zustandslose Klassen, in denen Beziehungen zwischen Entitäten gehalten werden. Sie werden seitens der Entitäten aufgerufen, und dienen typischerweise der Informationsübertragung zwischen Entitäten.
- Alle weiteren fachspezifischen Funktionalitäten, die nicht mittels Entitäten oder Value-Klassen abgebildet werden können, werden in Services gekapselt, die als zustandslose Schnittstellenfassaden fungieren.

Die folgende Zuordnung besteht zwischen dem Schichtenmodell der Systemarchitektur und dem domänenspezifischen Modell:

- Eine *User-Interface-Schicht* (UI) enthält alle technischen Anteile, die zur Systeminteraktion mit dem Anwender benötigt werden.
- In einer *Applikationsschicht* ist die Steuerung der Geschäftsprozesse lokalisiert, sofern diese eine Mischung aus Anteilen des Domänenmodells und technischen Diensten aus der Infrastrukturschicht darstellen.
- Eine *Domänen-Schicht* enthält die technische Repräsentation des Fachmodells. Geschäftsprozesse, die ausschließlich auf einem Fachmodell beruhen, laufen hier ab.
- Eine *Infrastrukturschicht* umfasst schließlich alle technischen Dienste, die für den Betrieb der Anwendung benötigt werden. Beispiele hierfür sind Dienste der Persistenz oder der Sicherheit. Auch die Kommunikationsanschlüsse zu anderen Systemen sind hier angesiedelt.

Geschäftsprozesse lassen sich mit Hilfe der domänenzentrierten Entwicklung, wenn deren Grundkonzepte eingehalten werden, effektiv implementieren. Leider werden die industrieweit anerkannten Vorgehensweisen der Fachmodellerstellung, etwa auf Basis der UML, aufgrund fehlender Werkzeuge noch nicht zufriedenstellend unterstützt. Durch die Einführung neuer UML-Stereotypen und -Profile lässt sich die UML hier jedoch stets flexibel erweitern. Weit verbreitete Open Source-Frameworks wie *Ruby-on-Rails* oder *Trails* (für Java) lassen sich dagegen auf einfache Weise im Sinne einer domänenzentrierten Entwicklung verwenden.

4.4 Systemtechnische BPM-Umsetzung

Bis hierhin wurde eine Beschreibung der allgemeinen technischen Voraussetzungen für die Geschäftsprozess-Implementierung im Umfeld der modellgetriebenen Softwareentwicklung (Model-driven Software Development, MDSD) gegeben. Dieses Kapitel geht nun auf einige der speziellen technischen Gesichtspunkte ein, die sich im Rahmen der Implementierungsarbeiten häufig ergeben.

In der jüngeren Vergangenheit wurden auf breiter Front die technischen Voraussetzungen dafür geschaffen, um auf der Grundlage speziell angepasster Programmiermodelle und Laufzeitumgebungen die Entwicklung unternehmensweit genutzter IT-Systeme zu vereinfachen und effizienter zu gestalten.

In diesem Zusammenhang werden grafische Prozessmodellierungswerkzeuge oder Workflow (Prozess)-Editoren eingesetzt, die darauf ausgelegt sind, die unternehmensweite Ablauforganisation in einen informationstechnischen Prozess, der Kontroll- und Datenfluss umfasst, zu übersetzen. Derartige Editoren können entweder als Einzelwerkzeuge ausgeführt, oder auch Bestandteil einer umfassenden CASE-Entwicklungsumgebung sein.

Die Modellierung der Ablauforganisation eines Unternehmens bildet die realen Prozesszusammenhänge auf zusammenhängende

Modellelemente und -entitäten ab. Die derart formalisierten Prozessdarstellungen werden auch als Workflow-Definitionen bezeichnet und durch formalisierte DSL-Notationen repräsentiert. Diese Implementierungstechnik ist nicht notwendigerweise auf Prozesse aus den Fachdomänen beschränkt, sondern lässt sich auch in einem rein technischen Kontext einsetzen.

Ziel ist in diesem Zusammenhang, die Workflow-Definitionen in entsprechenden Laufzeitumgebungen direkt zur Ausführung zu bringen. An dieser Stelle sei ausdrücklich festgehalten, dass ihre Verwendung im Umfeld des BPM nicht verpflichtend ist, sondern entsprechende Implementierungen auch auf Basis der heute bereits verbreitet verwendeten Architekturen und Technologien (Client/Server Architektur durch Einsatz von Applikationsservern, oder auch verbindungsorientierte Peer-to-Peer Technologien) umgesetzt werden können. So setzt z.B. IBM neben technischen und interaktiven Workflows auch auf die „Business State Machines“, die als Oberbegriff einer übergreifenden BPM-Steuerung verstanden werden können.

Die Praxiserfahrung zeigt zudem, dass die Workflow-Programmiermodelle teilweise noch nicht ausgereift sind, oder auch mit strukturellen Nachteilen verbunden sein können (vgl. Kapitel 4.5.3). Trotzdem sollten Workflow-gestützte Implementierungsverfahren im BPM-Umfeld auf jeden Fall in die engere Auswahl gezogen werden, da sie sich mit den Modellierungsvorstellungen der Geschäftsprozesse grundsätzlich hervorragend ergänzen.

In vielen BPM-Anwendungssystemen wird neben den verschiedenen Arten der Workflow-Steuerung durch Geschäftsregeln (Business Rules) eine zusätzliche Ebene der Ablaufsteuerung eingeführt. Das Management der Geschäftsprozesse (Business Process Management, BPM) wird den modernen IT-Landschaften deshalb häufig durch ein Regelmanagement (Business Rules Management, BRM) komplettiert.

4.4.1 Workflows

Workflows sind ein verbreitetes Hilfsmittel zur Implementierung domänenspezifischer Geschäftsprozesse. Sie zeichnen sich durch einige wenige Basiseigenschaften aus:

- Sie setzen sich in zur Lauf- und Ausführungszeit aus einer Kette von Einzelschritten oder Aktivitäten (Activities) zusammen, die durch Vor- und Nachbedingungen (Pre- und Postconditions) miteinander verknüpft sind. In diesem Zusammenhang können Ausdrücke hinsichtlich einer möglichen Folgeaktivität ausgewertet werden. Ein kompletter Workflow bildet einen entsprechenden (Teil-)Prozess eines Domänenmodells ab.
- Die Laufzeitumgebungen zur Workflow-Verarbeitung stellen die Einzelaktivitäten eines Workflows in einen gemeinsamen Kontext. Dieser Kontext resultiert aus der Verwendung eines gemeinsamen Speicherbereichs, über den die Einzelaktivitäten untereinander Daten austauschen können.

Die DSL-Notation einer Workflow-Definition sollte sich idealerweise durch Generatoren in Ausführungsformate umwandeln lassen, die von spezialisierten Laufzeitumgebungen direkt ausgeführt werden können. Derartige Laufzeitsysteme werden als *Workflow Management Systeme (WFMS)*, die jeweils eine oder mehrere *Workflow-Engines* beinhalten können, bezeichnet. Die für die Workflow-Implementierungen eingesetzten Programmiermodelle hängen von den zur Ausführung eingesetzten Applikationsframeworks ab.

Im Zuge der Workflow-Definition werden die Einzelaktivitäten häufig unmittelbar mit Zugriffs- und Ausführungsberechtigungen verknüpft, die die Ausführungslogik der Einzelaktivitäten beeinflussen. In den Berechtigten kann es sich um menschliche

Anwender oder auch technische Entitäten handeln, die als die Teilnehmer (Participants) eines Workflows bezeichnet werden.

Letztlich entsprechen alle in beliebigen Software-Systemen implementierten Kontrollflüsse einem Workflow, sie müssen also nicht immer auf der Grundlage eines von einem WFMS vorgegebenen Programmiermodells erstellt sein. Die Einführung von WFMS in der Systemintegration kann durch die notwendige Einbindung von (Alt-)Applikationen, die ihre Teilaktivitäten nicht explizit nach außen öffnen, teilweise sogar erschwert werden.

4.4.1.1 Workflow-Lebenszyklus

Wie jede datentechnische Entität, weist auch ein Workflow einen eigenen Lebenszyklus (Life Cycle) auf. Der Lebenszyklus umfasst die verschiedenen Zustände, die ein Workflow während der Entwurfs-, Entwicklungs- und Operativphase durchläuft (vgl. Abb. 4.6):

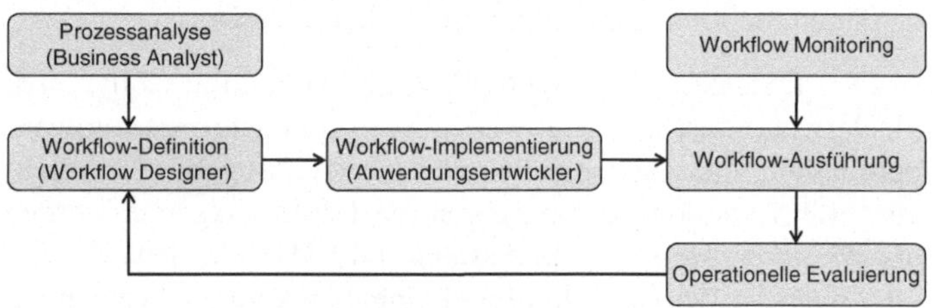

Abb. 4.6. Workflow-Lebenszyklus

- Zu Beginn der Entwurfsphase stehen die Workflow-Definitionen, die die Prozessbeschreibungen unter Gesichtspunkten der Implementierung in formale DSL-Beschreibungen fassen.
- Anschließend erfolgt, eventuell durch Generatoren unterstützt, die eigentliche Implementierung einer Workflow-Definition.
- Die Verteilung bzw. das Deployment einer Workflow-Implementierung innerhalb der Laufzeitumgebung eines WFMS,

eventuell ergänzt durch benötigte Konfigurationsartefakte, schafft die Voraussetzungen für den operationellen Betrieb.

- Im operationellen Betrieb erfasst die Workflow-Engine anhand technischer Metriken den aktuellen Ausführungsstand der einzelnen Workflow-Instanzen, und meldet eventuelle Fehlfunktionalitäten.

Die Fassung des dynamischen Kontrollflusses einer formalen Workflow-Definition erfolgt häufig mittels graphischer DSL-Notationen. Derartige Tätigkeiten sind bereits dem Umfeld der Implementierungsarbeiten zuzurechnen. In einem Folgeschritt werden diese Notationen in der Regel in XML-basierte Workflow-Beschreibungsformate übersetzt. Dafür existieren verschiedene Standards, etwa *WS-BPEL* (OASIS) oder die *XML Process Definition Language* (XPDL) der Workflow Management Coalition (WfMC).

Die DSL-Notationen eines Workflow können unterschiedlichen Paradigmen folgen. Beispielsweise erlaubt der Workflow Designer des Visual Studio für die Windows Workflow Foundation (seit .NET 3.0) die Workflow-Definition sowohl mittels Fluss-, als auch durch Aktivitätsdiagrammen [MS08d].

In Analogie zu Klassen und Objekten aus der Objektorientierung – Klassen repräsentieren die formale Beschreibung der Objekte, aus denen sie zur Laufzeit instanziert werden – leitet eine Workflow-Engine aus den Workflow-Definitionen konkrete, ausführbare Workflow-Instanzen ab.

Dasselbe gilt für die Aktivitäten, die während der Ausführung in einer Workflow-Engine ebenfalls instanziert werden. Folgende Workflow-Ausprägungen lassen sich unterscheiden:

- Workflows, die von der Workflow-Engine ausgeführt werden und deren Aktivitäten, wenn überhaupt, externe Kommunikation über technische Schnittstellen zu Fremdapplikationen ausführen („Automation Workflows“).

- Interaktive Workflows, die auch Anwenderinteraktionen steuern, und deren Aktivitäten eine Bindung an grafische Bedienungsoberflächen (GUI-Masken) aufweisen („Human-Centric Workflows").

Workflows können ineinander geschachtelt werden. Innerhalb einer Aktivität lassen sich ein oder mehrere Workflows starten, die wiederum in der Workflow Engine als eigenständige Konstrukte ausgeführt werden (Prinzip der Selbstähnlichkeit). Dadurch lassen sich Subprozesse, die auf der Prozess-Modellierungsebene verbreitet Verwendung finden, technisch realisieren.

Die Workflow-Engines bzw. Workflow Management Systeme stellen in vielen aktuellen Projekten wichtige Bausteine der *Business-Process-Management-Systeme* (BPMS) dar. Die BPMS umfassen neben ihnen alle für eine Implementierung verwendeten, technischen Einzelkomponenten (Konfigurationsdateien, Schemata, DSLs etc.). Sie repräsentieren so die wesentlichen technischen Anteile einer Domänenimplementierung.

4.4.1.2 WFMS-Referenzmodell der WfMC

Das Industriekonsortium der *Workflow Management Coalition* (WfMC), dem unter anderem SAP, IBM, Microsoft oder HP angehören, untersucht seit den frühen 1990er Jahren die Anwendungsmöglichkeiten der WFMS und spezifiziert Laufzeitumgebungen bzw. Applikationsframeworks sowie Workflow-Definitionsformate. So beschreibt sie etwa allgemeine APIs, die die Wiederverwendbarkeit von Workflow-Definitionen fördern sollen, oder sich auf die Interoperabilitäts-Schnittstellen der WFMS beziehen.

Von ihr stammt auch die XPDL, eine DSL zur XML-basierten Notation von Workflow-Definitionen [WM08] (vgl. Kapitel 5.2.2). Dieses Format kann beispielsweise von dem IBM FileNet Business Process Manager und diversen Open Source Workflow-Engines direkt verarbeitet werden. Daneben unterstützen zahlreiche Prozess-Editoren auf Basis bekannter grafischer Modellierungs-DSLs, etwa BPMN oder UML, den XPDL-Export von Workflow-Definitionen.

Obwohl im Umfeld der Service-orientierten Architektur mittlerweile auch die Industriekonsortien OASIS und W3C eigene Standards zur XML-basierten Workflow-Definition veröffentlicht haben (vgl. Kapitel 5.2), kommt der WfMC im Bereich der WFMS eine traditionell hohe Bedeutung zu. Abb. 4.7 zeigt das von ihr spezifizierte WFMS-Strukturmodell. Es deckt insgesamt fünf verschiedene Interoperabilitäts-Schnittstellen (S1-S5) ab.

Eine oder mehrere Workflow-Engines sind Bestandteil der Laufzeitumgebung eines WFMS, greifen auf eine eigene Konfigurationsbasis zu und verarbeiten die mittels DSLs formalisierten Workflow-Definitionen. Schnittstelle 1 (S1) beschreibt eine Standardschnittstelle für den Anschluss der Modellierungswerkzeugen zur Workflow-Definition.

Die Erstellung der Workflow-Definitionen wird auch als „Programmierung im Großen" (Programming in the large) bezeichnet, da sie verschiedene Einzelaktivitäten, die selbst wiederum Ausführungslogik enthalten, deklarativ hintereinanderschalten. Im Gegensatz dazu werden die Implementierungsarbeiten auf Ebene der Einzelaktivitäten unter die „Programmierung im Kleinen" (Programming in the small) gefasst, da es sich in ihnen um eigenständige, funktionale Einheiten handelt, die in das Framework der Workflow-Engines über vorgegebene Schnittstellen integriert werden [Le00]. Besonders gut ergänzen sich die Einzelaktivitäten mit dem Service-Konzept aus der Service-orientierten Architektur (vgl. Kapitel 4.5).

Die Schnittstelle 2 (S2) hat die wechselseitige Integration zwischen WFMS und Teilsystemen mit Anwenderinteraktionen zum Inhalt (Human-Centric Workflow). Darunter fallen manuell zu erledigende Aufgaben (Tasks) – etwa Antragsprüfungen oder

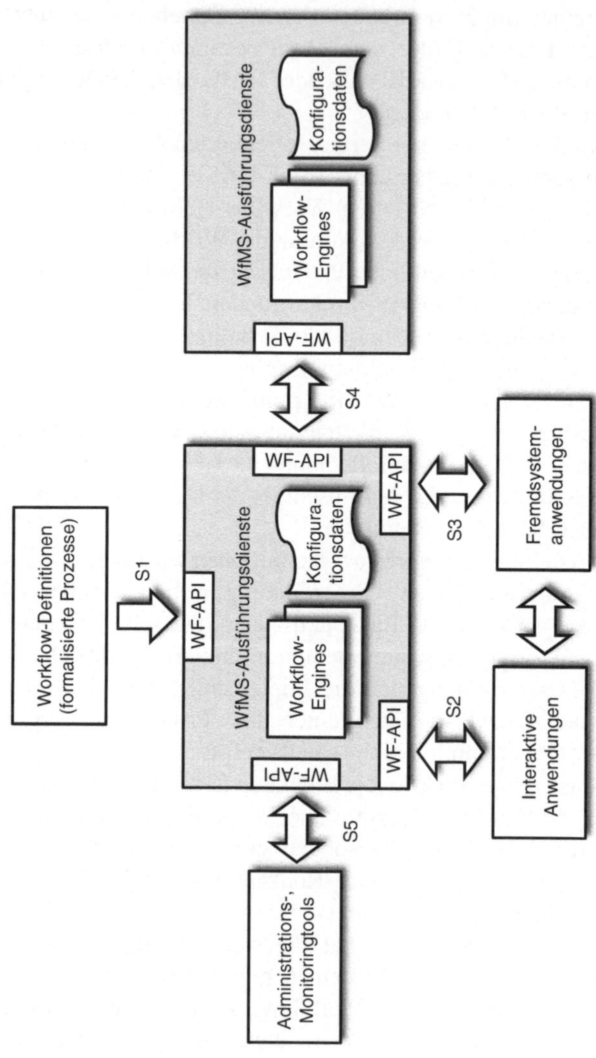

Abb. 4.7. Strukturmodell der WFMS (nach WfMC)

-freigaben – die in der Regel in langlaufende Workflows mit asynchronen Kommunikationsanteilen eingebettet sind. Der Anschluss der Oberflächenkomponenten kann prozessübergreifend erfolgen.

Schnittstelle 3 (S3) bezieht sich auf die APIs zum Aufruf in oder aus Richtung von Fremdsystemen (inbound/outbound), um einen entsprechenden Informationsaustausch auf Ebene der Aktivitäten zu gewährleisten. An dieser Stelle setzen übrigens konkurrierende Standards der Standardisierungsgremien OASIS und W3C aus dem SOA-Umfeld an.

Schnittstelle 4 (S4) spezifiziert Kriterien für die Interoperabilität zwischen WFMS verschiedener Hersteller.

Die Schnittstelle 5 (S5) legt schließlich Schnittstellen zur operativen Überwachung der WFMS fest, beispielsweise durch die Definition eines allgemeinen Audit-Datenformats. Ergänzend hierzu bieten die modernen Komponentenframeworks (Java/JEE, z. B. durch die Java Management Extensions, JMX) oder verschiedene Web Service-Standards (z. B. Web Services Distributed Management, oder Web Services Resource Framework, beide von der OASIS) hier weitere Lösungsvarianten.

4.4.1.3 Workflow-Engines

Abb. 4.8 zeigt die generelle Funktionsweise der Workflow-Engines im operationellen Betrieb. Sie gliedert sich in die funktionalen Teilbereiche zum Import der Workflow-Definition, dem Anlegen der Workflow-Instanzen der aktuellen Konfiguration gemäß, sowie deren Abarbeitung unter Berücksichtigung des jeweiligen Ausführungsmodells (als Compiler oder Interpreter). Die Verarbeitung der Workflow-Definitionen kann auf zwei unterschiedliche Arten erfolgen:

- Vorkompilierter, innerhalb des Applikationsframework der Workflow-Engine ausführbarer Workflow-Code wird im-

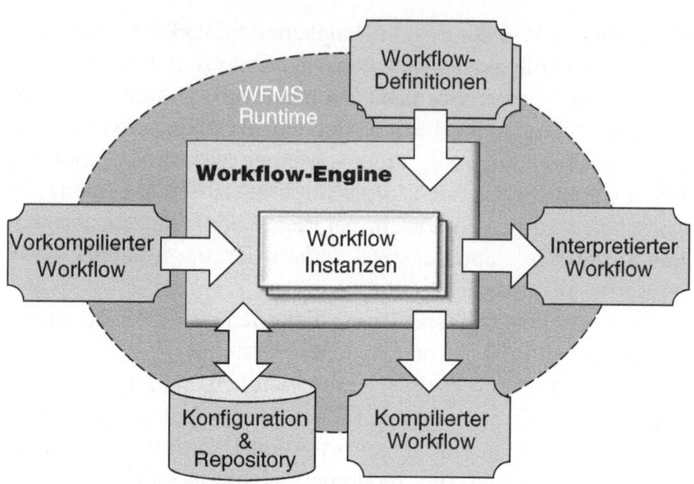

Abb. 4.8. Operationelle Workflow-Verarbeitung

portiert. Dieses Verfahren ist weit verbreitet, und findet sich beispielsweise bei nahezu allen BPEL-Engines auf kommerzieller oder Open-Source-Basis (z.B. *Oracle BPEL Process Manager*, *Apache ODE*, *Microsoft Workflow Foundation*).

- Daneben ist auch das Einlesen der Workflow-Beschreibungen zur Laufzeit möglich, die anschließend verarbeitet (kompiliert oder interpretiert) werden. Dieser Ansatz findet unter Berücksichtigung gewisser Rahmenbedingungen beispielsweise ebenfalls in Microsofts *Workflow Foundation* Verwendung (XAML Activation, vgl. Kapitel 5.2.4).

Workflow-Editoren visualisieren die Workflows, etwa WS-BPEL-Prozesse, in der Regel durch eine Graphen-Darstellung. Diese Darstellung wird in separaten Prozessschritten von den Modellierern in eine technische Repräsentation gewandelt. Dabei kommen horizontale oder vertikale Modelltransformationen zur Anwendung:

- Transformation eines plattformunabhängigen Prozessmodells in einer spezifischen DSL-Notation, beispielsweise ausgedrückt durch UML oder BPMN, in eine technisch orientierte (DSL-) Notation, etwa WS-BPEL oder XPDL.
- Verschiedene Softwareproduzenten bieten auch grafische Editoren an, die die Erstellung der technischen Workflow-Repräsentationen direkt unterstützen. Dazu müssen gar nicht unbedingt standardisierte grafische DSLs wie BPMN Verwendung finden. So verwirklicht Oracle mit dem *WS-BPEL Designer* eine proprietäre, exklusiv auf diesen Standard zugeschnittene grafische Toolunterstützung.
- Die daraus resultierenden Workflow-Definitionen können bei Bedarf vor dem ersten Deployment vorkompiliert und in das Applikationsframework der Workflow-Engine für den operationellen Betrieb eingebracht werden.

Die Applikationsframeworks der verschiedenen Workflow-Engines implementieren die unterstützten DSL-Sprachkonstrukte sowie spezifische Schnittstellentechnologien (z. B. hinsichtlich eines Nachrichten-Routings, oder allgemein von Service-Aufrufen auf Basis einer WSDL-Beschreibung). Darüber hinaus sind auch die folgenden Funktionsmerkmale von Bedeutung:

- Die Workflow-Engines besitzen in der Regel einen Anschluss an eine Datenbank (Repository), in der die aktuellen Zustände einer Workflow-Instanz abgelegt werden können. Das ist insbesondere für langlaufende Prozesse, deren Aktivitäten asynchron ausgeführt werden, aus Gründen der Ressourcen-Effizienz (Speicher und Rechenleistung) von Bedeutung. Das Abspeichern eines Workflow-Zustands in die Datenbank wird als Dehydrierung (Dehydration), und sein Einlesen als Hydrierung (Hydration) bezeichnet.
- Sie verwalten die Prozess-Nebenläufigkeit und gestatten eine Workflow-Versionierung. Letztere ist immer dann wichtig,

wenn ein Workflow, von dem noch aktive Instanzen in dem System vorhanden sind, geändert werden soll.

Darüber hinaus bieten die Workflow-Engines APIs Überwachungsfunktionalität (Monitoring) der Engine als Ganzes, sowie des Verarbeitungsstandes einmal gestarteter Workflow-Instanzen (Schnittstelle 5 des WfMC-Referenzmodells).

4.4.1.4 Complex Event Processing (CEP)

Die gängigen Modellierungsansätze der BPM-Systeme legen die ausgeführten Prozesse und Arbeitsabläufe in einer festen Reihenfolge fest. Die Geschäftsprozesse können analysiert werden und anhand eines bestimmten Koordinations- und Kollaborationsparadigmas (z.B. in Form von Workflows) auf einer konkreten IT-Infrastruktur umgesetzt werden, z. B. unter Verwendung von WFMS.

Eine mögliche Alternative oder Ergänzung hierzu hat LUCKHAM aufgezeigt, der als Erfinder des Complex Event Processing (CEP) gilt: In einem sich aus schwach miteinander gekoppelten Subsystemen oder Services (den Ereignis-Agenten) zusammensetzenden System kann die Kommunikation zwischen ihnen allein über den Austausch von Ereignismeldungen (Events) erfolgen [Lu02]. CEP geht von der Annahme aus, dass sich aus den zwischen den verschiedenen Entitäten ausgetauschten Nachrichten Muster herauslesen lassen, aus denen sich ein konkretes Systemverhalten dynamisch ableiten lässt. So kann z. B. ein starker Anstieg an nicht zugestellten Nachrichten auf ein Problem in der Infrastruktur zur Nachrichtenübermittlung hindeuten, auf das durch eine entsprechende Mustererkennung bereits in einer Frühphase automatisch reagiert werden könnte – etwa durch Öffnung neuer Übertragungskanäle. Eine weitere praktische

Anwendungsmöglichkeit wäre die automatische Blockade eines Bankautomaten, sobald dort ungewöhnliche Transaktionsmuster auffallen sollten.

Eine CEP-Infrastruktur besteht aus den folgenden Bausteinen:

- Eine Eventing-Infrastruktur, die es ermöglicht, über eine Kommunikationsstrecke Ereignisse an eine Ereignis-Senke zu verschicken.
- Einen „Event State Manager", der als Systemgedächtnis dient, indem die empfangenen Events ausgewertet und für die Regelabfragen bereitgehalten werden.
- Eine Regelmaschine (Rules Engine), die auf mögliche Event-Muster in dem Datenbestand des „Event State Managers" reagiert.

Der Ansatz CEP verspricht grundsätzlich eine hohe Konfigurierbarkeit und Agilität, aktuell sind jedoch in diesem Umfeld noch keine konsolidierten Standards verfügbar (etwa in Form einer „Complex Event Language", die eine Modellierung der ausgetauschten Ereignisse ermöglichen würde). Trotzdem setzen mittlerweile auch bekannte Software-Produzenten die CEP-Grundsätze in ihren Produkten um, etwa IBM mit der Komponente *WebSphere Business Events*, einem Bestandteil der *IBM Business Process Management Suite*. Dieses Werkzeug ermöglicht die Regeldefinition in Bezug auf spezifische Ereignismuster.

BPM kann ohne CEP, beispielsweise basierend auf Workflow-Engines implementiert werden. Umgekehrt realisiert CEP jedoch immer auch BPM-Anteile. Prinzipiell könnte eine BPM-Lösung ausschließlich auf CEP aufbauen, ganz ohne Workflow-Engines oder alternative Koordinationskonzepte. Eine Übersicht über die neuen Entwicklungen stellt Luckham auf einer eigenen Internetseite zur Verfügung (http://complexevents.com/).

4.4.2 Integration von Geschäftsregeln

Workflow-Engines, die eine wichtige Grundlage der Geschäftsprozess-Implementierung auf den modernen IT-Plattformen darstellen, lassen sich durch Regelmaschinen (Rules Engines) in ihrer Funktionalität ergänzen. Geschäftsprozesse (Business Processes) und Geschäftsregeln (Business Rules) stellen zwei komplementäre Verfahrensweisen zur Anwendungsentwicklung nach den Vorgaben von Domänenimplementierungen dar.

Im Zuge einer Workflow-Definition kann sich die Notwendigkeit ergeben, komplexe Entscheidungsregeln, die üblicherweise durch „Wenn-Dann“-Beziehungen ausgedrückt werden, auszuwerten.

Diese Auswertung kann auf zwei Arten technisch umgesetzt werden: einerseits unter Verwendung von entsprechenden DSL-Operatoren oder Ausdrücken, etwa an Entscheidungspunkten der BPMN. Diese werden damit Bestandteil der Workflow-Definition, was allerdings mit dem Nachteil verbunden ist, dass zur Produktivschaltung von Änderungen Workflows erneut deployed werden müssen.

Andererseits können derartige Entscheidungsregeln auch aus der Workflow-Definition herausgelöst und an eine separate Regelmaschine zur Auswertung der entsprechenden Regelsätze übergeben werden. Dieses Verfahren fördert eine klare Trennung zwischen Prozess- und der Entscheidungslogik. Die Agilität des Entwicklungsprozesses wird dadurch gesteigert.

Den Auswertealgorithmen der Regelmaschinen können hochgradig optimierte Algorithmen zugrunde liegen (z. B. LEAPS, RETE, die von der Java-basierten Rules-Engine JBoss Drools/Rules implementiert werden). Prinzipiell arbeiten sie nach den Mechanismen der Vorwärts- und Rückwärtsverkettung (Forward- und Backward-Chaining): Bei der Vorwärtsverkettung wird von den Eingabeparametern, den Fakten, ausgegangen und anschließend alle Entscheidungsregeln mit Vorbedingungen ausgewertet, bis keine Folgeregel mehr existiert. Bei der Rückwärtsverkettung wird dagegen von dem Zielfaktum ausgegangen und rückwärts auf mögliche zutreffende Regeln geprüft, und diese mit den Eingabefakten abgeglichen.

Wenn tatsächliche Aktionen aus der Auswertung einer Regel resultieren, spricht man von einer Produktionsregel, ist dagegen lediglich das reine Folgerungsergebnis interessant, z. B. ausgedrückt durch einen boolschen Rückgabewert, von einer Inferenzregel. Die folgenden Vorteile können sich durch den Einsatz von Regelmaschinen im Umfeld der Geschäftsprozesse ergeben:

- Die Regelsätze sind auch im laufenden Betrieb ohne einen größeren Konfigurationsaufwand änderbar. Das setzt jedoch voraus, dass ein gewisser Bedarf an Änderungen tatsächlich vorhanden ist. Sie sollten deshalb nur dann eingesetzt werden, wenn die Regeln eine gewisse Komplexität aufweisen und sich ihre Inhalte häufig ändern.
- Eine Regelsyntax lässt sich als spezifische DSL auffassen, die im Hinblick auf die Anwendung durch Domänenexperten auch ohne fundiertes IT-Wissen geändert oder verbessert werden kann.

Die Verwendung von Regeln ist häufig sinnvoll bei der Berücksichtigung von Berechnungsvorschriften innerhalb eines Geschäftsprozesses (z. B. im Zusammenhang mit der Kalkulation von Versicherungsbeiträgen, oder Rechenoperationen unter Einbeziehung von Steuersätzen).

Regeleditoren sind häufig in die CASE-Tools zur Prozessdefinition integriert, etwa in die Visual-Studio-Entwicklungsumgebung des Prozessservers von Microsoft, dem BizTalk Server. Tab. 4.3 zeigt eine Übersicht über die Terminologie von Microsoft im Umfeld der Geschäftsregeln.

Tab. 4.3. Bausteine von Geschäftsregel nach dem Verständnis von Microsoft

Regel-Baustein (Bezeichnung)	Beschreibung
Regel (Rule)	• Satz an Regelbedingungen und -aktionen. • Liefert einen Rückgabewert True/False.
Richtlinie (Policy)	• Logische Gruppierung von Regeln. • Wird in die Produktionsumgebung deployed.
Vokabular	• Sammlung der Basisdefinitionen für Regelbedingungen und -aktionen • Festlegung einer Klartext-Regelbezeichnung

4.4.3 Integration von Anwender-Interaktionen

Workflows sind Abbilder der operativ relevanten Arbeitsabläufe auf einer höheren implementierungstechnischen Ebene. Um auf dieser Grundlage Anwendungssysteme zu entwickeln, muss auch die Seite der Anwenderinteraktion angemessen berücksichtigt werden. Über die Schnittstellen 2 und 3 des WfMC-Referenzmodells könnte eine grafische Schnittstelle realisiert sein, um Daten zu überprüfen, Eingabedaten aufzunehmen oder lokal abzulegen.

Zur Erstellung von Benutzerinterfaces existiert eine verwirrende Vielzahl an Frameworks: Sie reichen von den so genannten „Fat Clients" (z. B. Java Swing-Framework oder .NET-Applikationen), bis zu den Browser-basierten „Thin Clients", für die es allein über 30 Java-basierte Web Frameworks gibt (eine Übersicht kann z. B. unter http://java-source.net/open-source/web-frameworks abgerufen werden). Ergänzt werden sie durch Entwicklungsframeworks, die alle logischen Abstraktionsebenen der Client-Applikationen, also auch die Seite der Anwenderinteraktion abdecken können. Beispiele hierfür sind die Frameworks JBoss SEAM oder Oracle ADF.

Viele dieser Frameworks stellen selbst proprietäre DSLs zur Beschreibung von Workflows zur Interaktionssteuerung zur Verfügung. So werden beispielsweise die Konzepte eines deklarativ festgelegten Seitenflusses (Pageflow) in den Java-basierten Web-Frameworks Struts (Konfigurationsdatei struts-config.xml) oder Java Server Faces (Konfigurationsdatei faces-config.xml) umgesetzt. Microsofts Windows Presentation Foundation (WPF) liegt die Extensible Application Markup Language (XAML) zugrunde, die sich mit einer Workflow-Definition der Workflow Foundation (WF) verknüpfen lässt (vgl. Kapitel 5.2.4).

Trotz der von diesen Entwicklungsframeworks bereits umgesetzten Konzepte werden immer wieder Versuche unternommen, die Anwenderinteraktion auch in langlaufende Workflows im Sinne des WfMC-Referenzmodells zu integrieren. Ausschlaggebend sind dafür mehrere Gründe:

- Eine konsistente Integration im Rahmen eines umfassenden Domänenmodells erleichtert zumindest strukturell den Entwurf der Eingabemasken, deren angezeigten oder eingelesenen Attribute auf der Modellierungsebene.
- Eine durchgängige Erfassung der gesamten Workflow-Interaktionen führt zu einem vollständigen Domänenmodell und in der Folge zu einem expliziten, offenen Programmierstil, der allgemein verständlich ist und damit Wartung, Pflege und Wiederverwendung der Software-Bausteine begünstigt.

Eine klare Trennung der dargestellten Grafikelemente und deren semantische Integration in den Ausführungszusammenhang führt zu einer verbesserten Abgrenzung der entsprechenden Zuständigkeiten während des Entwicklungsprozesses: die Designer können sich um die grafische Zusammenstellung und das Aussehen der Oberflächen kümmern, während Anwendungsentwickler die Geschäftslogik und die Schnittstellen für den Anschluss an die Systemlogik implementieren.

Um Anwenderinteraktionen sinnvoll in eine Workflow-Definition einbinden zu können, müssen diese Aktivitäten in einem langlaufenden Workflow mit den Client-bezogenen Prozessen asynchron und lose gekoppelt werden. Die Anschlusstechnologien basieren in der Regel auf Enterprise Messaging-Protokollen (etwa SUNs JMS, Microsofts MSMQ, oder IBMs WebSphere MQ).

Hinsichtlich der Anwenderinteraktion lassen sich drei Interaktionstypen unterscheiden [IB06]:

- Teilnahme an einem bereits gestarteten Workflow, in dem Anwenderinteraktion stattfindet („Participating Task").
- Auslösen eines neuen, eigenständigen technischen Workflow („Originating Task").
- Auslösen eines Workflow, der selbst wieder Anwenderinteraktionen umfasst („Human Task").

Das verwendete Workflow-API sollte von Seiten der zugreifenden Clients insbesondere folgende Funktionalität zur Verfügung stellen:

- Die Anzeige von Arbeitslisten (Worklists) mit denjenigen Aufgaben und Arbeitsschritten, die von den Anwendern im Rahmen bereits gestarteter Workflow-Instanzen zu erledigen sind.
- Hilfsmittel zur Kontrolle der Arbeitsprozesse können sich etwa auf den Start eines Workflow von Anwenderseite beziehen, auf den Abruf von Statusinformationen oder sonstiger Reporting-Funktionalität, um Aufschluss über den Bearbeitungsstand von Workflow-Instanzen zu erhalten.
- Die Schnittstellen zum WFMS sollten auch einen Zugriff auf Daten des Organisations- bzw. Rollenmodells (Organizational/Role Model Data) beinhalten, um eine Interaktionssteuerung nach den jeweils gültigen Zugriffsberechtigungen abzuwickeln.

Bezüglich der Integration von Anwenderinteraktionen weist die XPDL der WfMC den fortschrittlichsten Entwicklungsstand auf. Sie kann Aktivitäten als manuellen Task („TaskManual") auszeichnen. Entsprechende Client-Systeme werden in den Verarbeitungsfluss eingebunden, führen die Anwenderaktion aus, und reichen den Prozessfluss über das vordefinierte API weiter.

Dem Standard mit der größten Verbreitung, WS-BPEL, fehlt dagegen auf Ebene des Standards eine explizite Berücksichtigung von Anwenderinteraktion derzeit völlig. Stattdessen stellen zahlreiche herstellerspezifische WS-BPEL-Engines einen so genannten Management-Task zur Verfügung, über den eigene Web Services angesprochen werden können, die sich für die entsprechende Anwenderkommunikation nutzen lassen. Dieser Ansatz führt jedoch zu proprietären Individuallösungen, und schränkt damit wichtige Systemeigenschaften wie Interoperabilität oder Erweiterbarkeit möglicherweise ein.

Ein Konsortium um IBM, SAP und Oracle hat sich deshalb in der jüngeren Vergangenheit allerdings vergeblich darum bemüht, die Erweiterung BPEL4People in die offizielle WS-BPEL-Spezifikation einzubringen. Er definiert eine neue Aktivität „BPEL People", die sich innerhalb eines Workflow-Prozesses ausführen lässt und mit der die Anwenderinteraktion nach den Kommunikationsmodellen der Inline- sowie Stand-Alone-Tasks delegiert werden kann. Letztere können entweder lokal auf demselben, oder entfernt auf einem anderen System ausgeführt werden.

4.5 BPM und Service-orientierte Architektur (SOA)

Anwendungssysteme zum Geschäftsprozessmanagement (BPMS) und die *Service-orientierte Architektur* (SOA) werden häufig in einem Atemzug genannt. Auch wenn zwischen ihnen in der Praxis eine enge, strukturelle Abhängigkeit besteht, müssen sie aus systemtechnischer Sicht auseinander gehalten werden.

BPM bezieht sich vornehmlich auf das Geschäftsprozessmanagement (Programming in the large). SOA weist dagegen den Weg zu einer IT-technischen Infrastruktur, auf deren Basis sich BPM besonders effektiv umsetzen lässt, indem sie für die Einzelbausteine, die sich aus den Workflow-Aktivitäten ergeben (Programming in the small), ein klares, technisches Grundkonzept vorgibt (vgl. Kapitel 4.4.1.2). Tab. 4.4 fasst einige der charakteristischen Eigenschaften von BPM und SOA zusammen.

Tab. 4.4. Abgrenzungskriterien zwischen BPM bzw. SOA

BPM	SOA
Optimiert für die Erfassung und Umsetzung von Geschäftsprozessen.	Stellt ein architektonisches Basisprinzip für IT-Infrastrukturen dar. Kann auch als Grundlage höherwertiger Architekturkonzepte dienen.
Leitet sich unmittelbar aus Geschäftszielen ab.	Ergibt sich indirekt aus den Geschäftszielen nach einer technischen Voranalyse.
Weist einen systemübergreifenden Integrationscharakter auf.	Weist einen Isolationscharakter auf (Service-Paradigma).
Benötigt SOA nicht unbedingt, beide ergänzen sich jedoch sehr gut.	Kann sehr wohl, muss aber nicht die Basis einer BPM-Implementierung bilden.

In der Implementierungspraxis vermischen sich die beiden Konzepte allerdings leicht: So wird beispielsweise in der technischen Workflow-Definitionssprache WS-BPEL des Standardisierungsgremiums OASIS das Paradigma der Service-Orientierung in Bezug auf Web Services in natürlicher Weise berücksichtigt (durch entsprechende WSDL-Bindings). Die Basiseigenschaften der Dienste einer Service-orientierten Architektur lassen sich aus Implementierungssicht auf einfache Weise mit den Aktivitäten einer Workflowdefinition identifizieren. Darin liegt die Ursache für die häufig fehlende Unterscheidung zwischen SOA und BPM, die sich auch in kombinierten Bezeichnungen wie „BPM-SOA" niederschlagen. Ein Workflow, der auf solche Weise mit Services einer SOA verknüpft ist, wird manchmal auch als Service-orientierter Workflow (SOW) bezeichnet.

Aufgrund der hohen praktischen Bedeutung der SOA in Bezug auf BPM-Systeme wird in den Folgekapiteln kurz auf deren grundlegende technische Eigenschaften eingegangen.

4.5.1 Dienste (Services)

Die Dienste oder Services bilden die Elementarbausteine einer Service-orientierten Architektur. Sie enthalten eine funktional klar abgegrenzte Ausführungslogik, die über allgemein zugängliche, äußere Schnittstellen aus verschiedenen Kontexten heraus wiederholt aufgerufen werden kann. Das ist bereits die allgemeine Definition eines Service.

Die Services einer SOA stehen auf einer technisch gleichberechtigten Ebene. Ein Aufruf geht von dem Serviceaufrufer (Service Consumer) aus, und ist an einen oder mehrere Zielservices (Service Provider) gerichtet, in dem eine Verarbeitungslogik ausgelöst werden soll (vgl. Abb. 4.9).

Im BPM-Kontext treten Services auf zwei Abstraktionsebenen in Erscheinung: Auf der Ebene der Prozessmodellierung indirekt durch funktionale Abstraktion, begünstigt durch die explizite Schnittstellenorientierung. Auf der Implementierungsseite gilt die Feststellung, dass ihre zugrunde liegenden Ideen nicht wirklich neu sind, und sich beispielsweise auch in den Komponenten der entsprechenden Frameworks der SUNs JEE- bzw.

Microsofts .NET-Frameworks wiederfinden. Ihre in der Praxis nützlichen Eigenschaften beziehen sie aus spezifischen technischen Ausprägungen [Ma07]:

- Die Dienste lassen sich in verbreiteter Ausprägung als eigenständige Bausteine in eigenen Laufzeitumgebungen betreiben, und über standardisierte Kommunikationsprotokolle und -verfahren ansprechen. Durch eine strukturell eindeutige Abgrenzung von Ausführungslogik und Kommunikationsanteilen, sowie die Verwendung isolierter Laufzeitumgebungen, eignen sie sich gut für den Aufbau von verteilten Softwaresystemen.
- Technische Mediatoren, die beispielsweise auf Basis einer Middleware ausgeführt sein können (z. B. als Enterprise Service Bus, ESB), vermitteln den Service-Aufruf. Dieser Umstand begünstigt die Systemeigenschaft der *losen Kopplung*: Sie fasst verschiedene Aspekte der Service-Interaktion zusammen, darunter beispielsweise die asynchrone Service-Einkopplung, die strukturelle Isolation der Ausführungslogik, oder das Einschalten einer Schnittstellen-Indirektion.
- Die Services sollten zustandslos sein, um ihren Aufruf aus verschiedenen Ausführungskontexten heraus zu begünstigen.

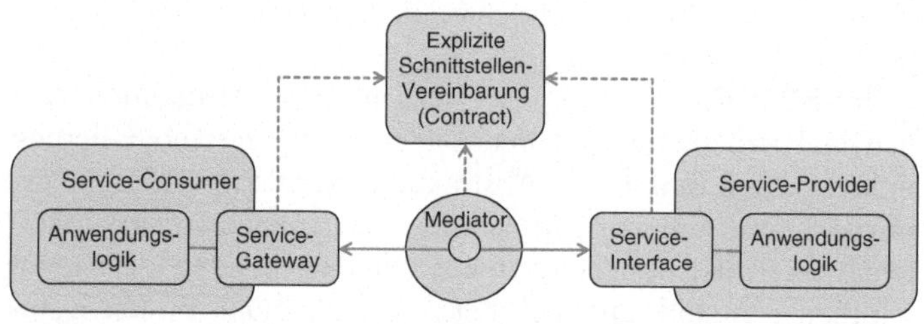

Abb. 4.9. Servicekommunikation innerhalb einer SOA (Referenzmodell)

Neben der Einschaltung von Mediatoren als Vermittlungsinstanz zwischen den Services existieren auch andere Möglichkeiten, um die Kopplung zwischen den Services zu verringern, darunter folgende:

- Zur Erzeugung der aufrufenden Service-Stubs können dynamische Service-Bindungen (Bindings) zur Anwendung kommen.
- Durch die Einführung entsprechender interner Software-Abstraktionsebenen lassen sich explizite, technische Abhängigkeiten von der Laufzeitumgebung weiter reduzieren, wie etwa durch Verwendung von O/R-Mappingtools wie *JBoss Hibernate* im Java-Umfeld.
- Ein auf die Services beschränktes Systemdeployment ermöglicht ein dezentrales und flexibles Einbringen von Systemänderungen ohne größeren, administrativen Aufwand.

Die Implementierung von Fachfunktionalität auf Basis einer Service-orientierten Architektur begünstigt eine klare, explizite und auf offenen Standards beruhende Grundstruktur eines IT-Systems.

Gegenseitige Abhängigkeiten zwischen verschiedenen Services, die in dem Umfeld von objektorientierten Entwurfsmethoden etwa durch die Strukturierungsmittel der Vererbung (Generalisierung), Assoziationen oder Aggregationen abgebildet werden können, spiegeln sich innerhalb einer SOA nicht mehr unmittelbar im architektonischen Systemaufbau wider. Vielmehr werden sie auf die Kommunikationsmuster des Datenverkehrs zwischen den Services übertragen.

Sind die Services tatsächlich zustandslos, sind sie aus beliebigen Aufrufkontexten unmittelbar wiederverwendbar. Allerdings können sich in transaktionalen Zusammenhängen durchaus Kontext-Abhängigkeiten ergeben. Im Sinne eines Frameworks lassen sich darüber hinaus Service-Sammlungen (etwa die Enterprise

Services von SAP) zusammenstellen, die spezifische Fachfunktionalität enthalten und auf konkrete Implementierungsanforderungen hin angepasst werden können.

4.5.2 SOA-Standards und -Architekturen

Die Konzepte von BPM und SOA lassen sich grundsätzlich auf einer breiten technischen Grundlage umsetzen. So stehen die herkömmlichen Kommunikationstechnologien in verteilten Systemen (etwa DCOM, RMI) in keiner Weise zur SOA im Widerspruch. SOA beschreibt vielmehr ein architektonisches Grundprinzip, das einer IT-Lösung zugrunde liegen kann.

SOA steht im Zeichen der Interoperabilität mit und der Wiederverwendbarkeit von Systemteilen bereits vorhandener IT-Applikationen. Der Aspekt der Portierbarkeit, der beispielsweise im Modellierungsumfeld häufig als Vorteil genannt wird (vgl. Kapitel 4.2.2.2), spielt aufgrund der Kerneigenschaften der Interoperabilität dagegen eine eher untergeordnete Rolle.

Die Einhaltung entsprechender Standards stellt einen wesentlichen Faktor für die Integrationsstärke einer BPM/SOA-Lösung dar. Je verbreiteter die eingesetzten Standards, desto eher finden sich Gegenstücke, die sich in die eigene Lösung integrieren lassen. So ist die Beschreibung der Schnittstellen (Interfaces) und Technologien der Service-Provider durch syntaktische, und auch semantische Metadaten die Regel, z. B. durch Beschreibung von Nachrichten-Austauschmustern (Message Exchange Patterns, MEPs).

Das ist wichtig, damit ein Service-Consumer einer SOA überhaupt einen funktionsfähigen Aufruf absetzen kann. Tab. 4.5 listet einige der im Umfeld der BPM/SOA relevanten Standards auf. Diese Beschreibung zu vertiefen, würde an dieser Stelle den Rahmen sprengen. Hierfür sei auf ergänzende Literatur verwiesen [StTi07].

Tab. 4.5. Beispiele für BPM/SOA-Standards

Standardisierungs-Gremium	Standard
Object Management Group (OMG)	Business Process Modeling Notation (BPMN), Business Process Definition Meta-model (BPDM), Business Process Maturity Model (BPMM), Business Motivation Model (BMM)
OASIS	Service Component Architecture (SCA), Web Services Business Process Execution Language (WS-BPEL), Common Base Event (CBE), Web Services Event Format (WEF), Web Services Notification (WSN), Web Services Distributed Management (WSDM), Web Services Resource Framework (WSRF)
W3C	Verschiedene Web and XML Standards, darunter XML, XML Schema, XSLT, WSDL, XForms, and WS-Policy
WS-I	Web Service-Interoperabilitätsprofile und entsprechende Testwerkzeuge

4.5.2.1 Web Service-Engines, ESBs

Ein wichtiges Merkmal der Services einer SOA ist ihre gegenseitige lose Kopplung. Sie steht für eine Minimierung der manuell in einer Programmlogik explizit kodierten, entsprechenden Abhängigkeiten, und kann in ihrem Grad variieren. Ein Schlüssel für ihre Umsetzung stellen die technischen Mediatoren zwischen ihnen dar.

Die Kommunikation zwischen den Services geschieht in der Regel durch eine Übermittlung von Nachrichten und Dokumenten über eine netzwerktechnische Infrastruktur bzw. die technischen

Mediatoren. Das gilt auch für die zwei bekanntesten technische Ausprägungen: die Web Service-Engines, und der Enterprise Service Bus (ESB). Services, die an eine Web Service-Engine angeschlossen sind, werden als Web Services bezeichnet, während die mit ESBs verbundenen häufig als Enterprise Services bezeichnet werden (allerdings ohne scharfe Trennlinie, da über entsprechende Adapter Protokollumwandlungen möglich sind).

Die Serviceinteraktion lässt sich in die Teilbereiche der Kommunikation und der Integration zerlegen: einerseits die Anteile, die den physischen Anschluss an das Transportprotokoll zur Basiskommunikation zwischen den Diensten gewährleisten, und andererseits das Nachrichtenprotokoll oder -format, das für die Übermittlung der operativen Inhalte der Servicekommunikation genutzt wird.

Die Web Service-Engines, bauen traditionell auf den fünf Basisstandards HTTP, XML, WSDL, SOAP und UDDI auf:

- HTTP als Basis-Kommunikationsprotokoll,
- XML als Basisstandard für maschinell zu verarbeitende Datenstrukturen,
- WSDL zur Service-Metadatenbeschreibung,
- SOAP als Format der zwischen den Services ausgetauschten Nachrichten,
- UDDI als standardisierter Verzeichnisdienst für Web- bzw. SOA-Services.

Ein Enterprise Service Bus zur Kommunikation benutzt dagegen häufig die Kommunikationsstruktur ausfallsicherer Message-Queuing-Protokolle (z. B. auf Basis einer JMS-Implementierung, oder Microsofts MSMQ).

Die Web Services haben den Ideen der Service-orientierten Architektur in der Vergangenheit einen erheblichen Schub verliehen. Ihre Grundkonzepte sind auch in die Workflow-Definitionsformate WS-BPEL der OASIS, und WS-CDL des

W3C-Konsortiums eingeflossen. Die verbreitet eingesetzte Metadatenbeschreibung mittels der Web Service Description Language (WSDL) war längere Zeit ausschließlich auf Web Services auf Basis von HTTP-SOAP fokussiert, wie sich auch aus der Bezeichnung ergibt.

4.5.2.2 Composite Applications

Das Infrastrukturkonzept der Service-orientierten Architektur hat durch ihren klaren Architekturstil in der praktischen Anwendung mittlerweile eine hohe Verbreitung und Akzeptanz erlangt. Hinsichtlich der technischen Ausführungen (als Web Services, REST Services, oder ESBs etc.) besteht allerdings eine hohe Variabilität.

SOA-Systeme entsprechend dabei allerdings nicht immer den Vorstellungen der großen Softwarehersteller wie IBM, Oracle oder SAP. Die Produzenten verfolgen naturgemäß das Ziel, ihre gesamten Produktstacks inklusive der Werkzeuge zur Modellierung, Monitoring, und Deployment sowie der Konfigurationsmanagement-Systeme (KM) für den Endkunden interessant zu machen. Im Gegensatz dazu nehmen die Anwender jedoch häufig eine pragmatische Sichtweise ein.

Die Ansätze der Service-orientierten Architektur entfalten insbesondere hinsichtlich der deklarativen Systemkonfiguration ihre volle Stärke. Für einen Web Service ein vordefiniertes Binding zu aktivieren, das den Sicherheitsstandard der WS-Security bereits implementiert, ist beispielsweise effektiver, als ein solches selbst zu entwickeln. Dieser Anteil der BPM/SOA-Systeme hat sich in vielen derartigen Entwicklungsbereichen deshalb inzwischen fest etabliert.

Workflow-Systeme stoßen im Vergleich zu den SOA-Grundprinzipien bislang noch nicht auf eine vergleichbare Akzeptanz in der Entwicklergemeinde, was insofern verständlich ist, da

BPM-Systeme auf der Grundlage einer SOA-Infrastruktur eine nächsthöhere Abstraktionsebene einführen. Deshalb ist es für die Hersteller nicht nur wichtig, integrierte Entwicklungsumgebungen im Sinne der CASE-Tools zu bieten, sondern auch die Programmiermodelle möglichst so eingängig zu gestalten, dass die BPM-Ansätze von den Entwicklern gerne aufgenommen werden.

Ein Modell für die Einführung einer BPM-Infrastruktur, häufig in Form von Workflow-Engines, beschreiben die Composite Applications. Sie bauen auf einem konsistenten Programmiermodell für Services und Workflow-Steuerung auf, und ermöglichen auch die Adressierung der Darstellungsinhalte der Oberflächenelemente unmittelbar aus einem Workflow heraus. Basierend auf den BPM- und SOA-Prinzipien, lässt sich in ihre Architektur eine eigenständige Ebene einziehen, welche die BPM-Einzelaktivitäten bzw. die Services im Sinne des dahinter stehenden Domänenmodells zusammenführt.

Das verleiht den Composite Applications einen Integrationsrahmen, der über die konkreten Anwendungsfälle des aktuellen Anwendungssystems hinausreicht und auch zukünftige Erweiterungen ermöglicht. Hinzu treten die generellen Vorteile der Service-orientierten Architektur, insbesondere in Bezug auf Konfiguration und Deklaration der Services (z. B. durch entsprechende Bindings). Dadurch lässt sich ein extrem breites Spektrum an Integrations- und Kommunikationstechnologien über das gesamte Spektrum der Systemintegration (EAI) abdecken. Dieser Integrationsrahmen der Composite Applications umfasst wie in Abb. 4.10 dargestellt die folgenden Einzelaspekte:

- Integration benötigter Anwenderschnittstellen (User Interfaces) und Client-Applikationen in einen gemeinsamen Prozessrahmen. Im Idealfall lässt sich eine Vielzahl von unterschiedlichen Client-Technologien einbinden (z. B. Eclipse RCP, MS Office SharePoint Composite Application Framework, OS-Portalframeworks wie Liferay).

- Integration verteilter Services in den Rahmen übergreifender Geschäftsprozesse, vor allem hinsichtlich Prozess-Teillogik, Metadaten (Service-Deklarationen) und Regeln.
- Technische Hilfsmittel, um die Datenbestände verschiedener Anwendungen miteinander zu integrieren. Für diese Datenintegration können beispielsweise die Verfahren des Master Data Managements (MDM), oder der Entity-Aggregation zur Anwendung kommen.

Ziel der Composite Applications ist eine geschlossene Abbildung der übergreifenden Geschäftsprozesse, so genannter *End-to-End-Prozesse*, über eine Menge eingebundener Einzelapplikationen. Dabei decken sie auch die folgenden technischen Teilfunktionalitäten ab:

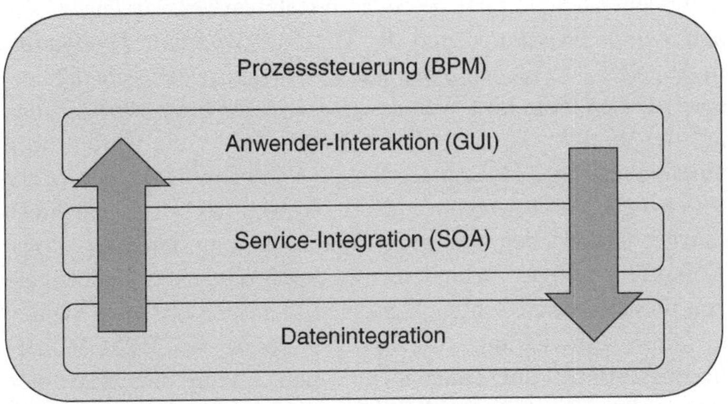

Abb. 4.10. Grundstruktur der Composite Applications

- Durchgängige und Anwendungs-übergreifende Mechanismen der Authentifizierung. Dafür ist ein umfassendes Management der Identitäten und Zugriffsberechtigungen (Identity and Access Management, IAM) notwendig. Föderierte Berechtigungskonzepte spielen hier eine große Rolle (z. B. der OASIS-Standard der WS-Federation für Web Services).

- Bereitstellung von prozessübergreifenden Kontextobjekten, die einen konsistenten Datenfluss zwischen den Einzelapplikationen ermöglichen.
- Technische Kopplung unterschiedlicher Hostsysteme für Services und Applikationen (z. B. Verwendung von Bussystemen auf Basis von SUN's Spezifikation der *Java Business Integration*, JSR 208).
- Verwaltung von Entitäten in unterschiedlichen Repräsentationen (etwa als Objekt oder Data Set, in relationalen Datenbanken) durch einheitliche Abfragesprachen, wie z. B. LINQ auf der .NET-Plattform.

Die Grundkonzepte der Composite Applications haben mittlerweile Eingang in die populären Entwicklungsframeworks gefunden. Microsoft hat sie etwa im Rahmen der *Windows Communication Foundation* und der *Windows Workflow Foundation* in die .NET 3.x-Technologieplattform integriert. JBoss bietet beispielsweise für die Java-Welt das *JBoss SEAM*-Framework an, das auf der Workflow-Engine *JBoss jBPM*, basiert; sie verfügt über eine eigene, an XPDL ausgerichtete Workflow-DSL, der *JBoss Process Definition Language* (jPDL). Workflows lassen sich direkt mit der Oberflächen-Navigation unter Nutzung der *Java Server Faces*-Technologie verbinden, was durch einfache Handhabbarkeit für Anwendungsentwickler einen Mehrwert bedeuten kann.

Diese Entwicklungsframeworks setzen die BPM-Modellierungsansätze auf einer technischen Ebene um, die unter Anwendung der SOA schließlich auf beliebige heterogene Systemlandschaften ausgeweitet werden können.

4.5.2.3 Trends im „Web2.0"-Umfeld

In der jüngeren Vergangenheit wurde im Rahmen der Diskussionen um die „Web2.0"-Technologien der Seite der Anwenderinteraktion eine besondere Beachtung geschenkt. Damit einhergehend hat sich eine Betrachtungsweise entwickelt, die sich bevorzugt auf interaktive Browser-Technologien in den folgenden Einsatzbereichen bezieht:

- Unterstützung des Anschlusses unterschiedlicher Endgeräte, mit ihren eigenen grafischen Darstellungsformen und -formaten aus derselben Geschäftslogik heraus (Mehrkanal-Zugriff/ Multichannel Access).
- Gewährung einer weitreichenden interaktiven und inhaltlichen Gestaltungsfreiheit, etwa durch die im Internet oft verwendeten *Blogs* oder *Wikis* (Stichwort der Sozialen Netzwerke).
- Freie Konfigurierbarkeit der Bedienoberflächen hinsichtlich ihrer Darstellungsform und ihren Einzelelementen.

Diese geänderte Art der Anwenderinteraktion hat ebenfalls einen Einfluss auf die BPMS, insbesondere auf den folgenden Feldern:

- Änderungen an Workflows sollten zur interaktiven Bearbeitung ohne Zeitverzögerung, gewissermaßen „auf Knopfdruck“ und ohne größere Deployment-Aufwände aktiviert werden können.
- Die für das Zusammenstellen der Ausführungslogik verwendeten Programmiermodelle sollen möglichst intuitiv und einfach sein (Lightweight Programming Models).

Eine Entwicklung in dieser Richtung stellen als Untermenge der Composite Applications die so genannten Mashup-Applications dar, die ein neuer Typ von Web Applikation sind. Als solche sind sie durch Client-seitig ausgeführte Skripte (AJAX, z. B. mittels JavaScript oder VBScript) hinsichtlich der Benutzerführung durchaus mit der Funktionsvielfalt der Fat Clients vergleichbar (Rich Internet Applications, RIA). Ihre Architektur setzt sich aus den folgenden Kernbausteinen zusammen [Me06]:

- Ein API/Content-Provider stellt über SOA-Services (z.B. HTTP/REST-Services) die eigentlichen Inhalte bereit. Er kann auf einem eigenen Server gehostet werden.
- Ein Mashup-Host stellt die Infrastruktur zur dynamischen Zusammenstellung der angezeigten Inhalte zur Verfügung, beispielsweise in Form von personalisierten Informationssammlungen.
- Abgerufen werden die aggregierten Informationen seitens des Mashup-Hosts über einen Internet-Browser, der die abgerufenen Daten anzeigt und die eigentliche Anwenderinteraktion ausführt. Auf dem Client laufen dabei die angesprochenen, serverunabhängigen Skripte ab. Durch modulare Plug-ins kann ein Client in seiner Funktionalität flexibel erweitert werden.

Mashup-Applications kombinieren die bestehenden Technologien der SOA (etwa HTTP/SOAP- oder REST-Services), der Web- (etwa JavaScript, AJAX, JSON), und traditionellen Serveranwendungen. Sie verfolgen dabei bevorzugt das Ziel der Informationsverknüpfung, und können daher gewisse anwenderbezogene, grafische Workflows abdecken. Dabei bleiben sie auf die reine Anwenderinteraktion bezogen. Die Einbindung in einen übergreifenden, transaktionalen BPM-Workflow erfolgt wie bei den Composite Applications – sie stellen eine Untermenge von ihnen dar – über asynchrone Schnittstellen.

Aus heutiger Sicht steht zu erwarten, dass Editoren für die Zusammenstellung von Workflows zur Realisierung von Geschäftsprozessen mit steigender Leistungsfähigkeit auch selbst spezielle Mashup-Elemente (dynamisches Deployment, Konfiguration zur Laufzeit) zur Verfügung stellen werden. Spätestens dann werden auch Koordinationsmodelle der Services, die Choreographie-Grundsätzen folgen, verstärkt eine Rolle spielen (vgl. Kapitel 5.2.3).

4.5.3 WFMS im praktischen Einsatz

In tragfähige Workflow-Definitionen fließt ein erhebliches Implementierungswissen ein:

- Die Ausführungslogik wird unter Gesichtspunkten der Implementierung in Aktivitäten bzw. Services aufgeteilt. Dafür ist die jeweilige Bestimmung einer angemessenen Granularität notwendig.
- Aus den Prozessen sind geeignete Bedingungen und Entscheidungsregeln abzuleiten.
- Transaktionsklammern sind festzulegen.
- Die Art und Weise der Umsetzung von Fehlerbehandlungen ist zu bestimmen (Kompensations-Handler).
- Ein Rollenmodell muss gefunden werden und sinnvoll mit den Workflows verknüpft werden.
- Bereits während der Modellierung sind Laufzeitaspekte der Kommunikation zwischen Workflows zu berücksichtigen. Diese Zusammenhänge führen zu Kollaborations- und Koordinationsmustern.

Für diese Tätigkeiten ist IT-technisches Spezialwissen erforderlich, damit die Workflow-Definition als Grundlage aller Folgetätigkeiten die erforderliche Qualität aufweist. Der Einsatz von Workflow-Engines kann dabei aus mehreren Gründen vorteilhaft sein:

- Die Verwendung von grafischen DSL-Notationen kann die intuitive Definition der Domänenmodelle erleichtern.
- Durch die atomaren logischen Einheiten der Aktivitäten, die mittels einer übergreifenden Prozessimplementierung in einen gemeinsamen Zusammenhang gestellt werden, lassen sich die Entwicklungszuständigkeiten eindeutig regeln. Die in

den Einzelaktivitäten ausgeführte Teillogik führt potenziell zu ihrer gesteigerten Wiederverwendbarkeit und Portierbarkeit.

- Die Speicherung (Persistierung) der Workflow-Zustände erhöht potenziell die Ausfallsicherheit des Gesamtsystems. Nach einem möglichen Systemabsturz lässt sich anhand dieser Informationen die Systemkonfiguration wiederherstellen. Langlaufende Prozesse können komplett abgespeichert und erst bei Bedarf wieder reaktiviert werden (Hydrierung/Dehydrierung), zugunsten eines verbesserten Systemauslastungsprofils und einer ökonomischeren Ressourcennutzung.
- Die Bindung von Geschäftsregeln an die Vor- und Nachbedingungen der Aktivitäten ermöglicht eine systemtechnisch flexible Einbindung von Geschäftslogik, was die Agilität des Entwicklungs- und Wartungsprozesses erheblich steigern kann.
- Durch die Berücksichtigung standardisierter Management-Schnittstellen (WfMC-Referenzmodell, Schnittstelle 5) können zur Laufzeit Informationen über aktuelle Verarbeitungsstände abgerufen werden.

Der Einsatz der BPM-Frameworks kann sich aufgrund der vorimplementierten Leistungsmerkmale (z.B. Aktivitätsaufrufe, Tracking, transaktionale Nebenläufigkeit) lohnen. Trotzdem sollte ihre Verwendung in eigenen Anwendungssystemen stets auch kritisch geprüft werden, unter Berücksichtigung der folgenden Punkte:

- Ein komplexes Prozessmodell in Richtung einer (nahezu) direkten Ausführbarkeit zu bewegen, bedarf einer großen Erfahrung und kann mit Projektrisiken behaftet sein, gerade in Bezug auf nachträgliche Systemänderungen (Change Requests). In der Praxis funktioniert die Trennung zwischen den Zuständigkeiten der reinen Geschäftsprozess-Analytiker (Business Analyst) und der technischen Architekten bzw. Implementierer häufig nicht reibungslos, manchmal sogar überhaupt nicht.

- Das Formalisieren technischer Sachverhalte (z.B. Auditing/Logging, Alerting), allein um die Vollständigkeit eines Domänenmodells zu gewährleisten, kann unerwartet hohe Aufwände verursachen. Die entsprechende Implementierung in einer universellen Programmiersprache ist häufig flexibler und gestattet kürzere Iterationszyklen. Überlässt man diese Aufgaben jedoch den Anwendungsentwicklern, leidet möglicherweise die Modellkonsistenz.
- Gerade komplexe Prozesse, die auch Subprozesse umfassen, werden in der grafischen Darstellung schnell unübersichtlich. Die grafische Repräsentation der Strukturkonzepte moderner OO-Programmiersprachen (etwa Vererbung, Paketierung, Templates oder Framework-Integration) lässt sich darüber hinaus nicht durch eine einheitliche Integrationssicht, sondern nur durch Einzelsichten wiedergeben.
- Workflow-Engines sind häufig lizenzrechtlich, auf jeden Fall jedoch unter Gesichtspunkten des Ressourcenverbrauchs, nicht umsonst zu haben (Speicher/Rechenzeit). Die Performance selbst einfacher Konstrukte wie *While*-Schleifen oder einfach die Ausführung von sequenziellen Aktivitäten kann auf verschiedenen Plattformen verglichen zu einer Direktimplementierung zu teilweise dramatischen Performance-Einbußen führen [MS08c].
- Im Vorhinein sollte auf jeden Fall geprüft werden, wie leistungsfähig die von den eingesetzten Frameworks unterstützten Verfahren zur Workflow-Versionierung sind, und wie sich das System im Falle von neu ausgebrachten (deployten) Workflows verhält. Eine Reaktivierung älterer Workflow-Versionen sollte möglich, und auch das Deployment weitgehend durch die Administrationswerkzeuge automatisiert sein.

Stellt sich heraus, dass sich der Einsatz von vollwertigen WFMS voraussichtlich nicht lohnt, sollte dennoch eine weitere Anwendung der Workflow- bzw. SOA-Konzepte geprüft werden. Zur Realisierung einer Domänenimplementierung steht neben Workflow-Engines die gesamte Bandbreite der traditionellen Softwaretechnologien zur Verfügung. So werden SOA-Services in der praktischen Anwendung des Java Enterprise Edition (JEE)-Frameworks häufig als „klassische“ Session Beans implementiert, die ihr Interface als Service für den externen Aufruf gemäß den SOA-Prinzipien exponieren. Die manuelle Implementierung von orchestrierten Workflows kann unter bestimmten Rahmenbedingungen durchaus sinnvoll sein:

- Ein Anwendungssystem ist für eine hohe Performanz und effiziente Ressourcennutzung ausgelegt – nicht umsonst konnten sich die Ansätze der durchgängig modellgetriebenen Softwareentwicklung im Umfeld der eingebetteten Systeme (Embedded Systems) bislang nicht durchsetzen.
- Die Domänenmodelle sind nicht hinreichend genau spezifiziert, um Code-Templates oder Workflow-Definitionen automatisch zu erzeugen. In diesem Fall sollte die Einbindung von Workflow-Engines kritisch geprüft werden, da leicht der bereits angesprochene Bruch in der Modellierungskette leicht entsteht. Eine nach den Prinzipien der Service-Orientierung durchgeführte Implementierung kann in diesem Zusammenhang dennoch einen Mehrwert erbringen.
- Die Zahl der Workflows bzw. der zu implementierenden Prozesse ist überschaubar, und zwischen ihnen existiert nur eine geringe Zahl von Abhängigkeiten. Die genaue Einordnung, wo ein derartiger Komplexitätsübergang vorliegt, ist projektabhängig und bleibt den beteiligten Architekten überlassen.
- Komplexe Transaktionen sind notwendig, unter Berücksichtigung von zahlreichen Rollback-Sicherheitspunkten, oder des

Two-Phase-Commit-Protokolls. In diesem Fall kann eine Service-orientierte Implementierung durch eine manuell ausprogrammierte Workflow-Steuerung sinnvoll ergänzt werden.

Wie viele Trends in der Softwareentwicklung stehen die Ansätze zu BPM und SOA unter den Leitgedanken, die Softwareentwicklung effizienter zu gestalten, wiederverwendbare Komponenten zu identifizieren, Systemredundanzen zu reduzieren und die Systeminteroperabilität zu steigern.

Die Verwendung bereits vorhandener Teilimplementierungen und fertiger Laufzeitumgebungen wie die ESBs, die bereits einen großen Funktionsumfang von Haus aus mitbringen, erleichtern und beschleunigen im Idealfall den Aufbau komplexer verteilter Systeme. Die Basisfunktionalität der Aktivitäten bzw. Services sollte dabei möglichst einfach gehalten, und deren Verbindung durch BPM-Verfahren auf einer Modellierungsebene abgewickelt werden. Die technischen Aufgaben der Implementierung verlagern sich nach diesem Modell zunehmend in das Feld der Deklarationen und Konfigurationen.

BPM und SOA besitzen möglicherweise tatsächlich das Potenzial, eine ähnliche Verbreitung zu gewinnen wie die OOA/OOD-Konzepte und die komponentenorientierte Softwareentwicklung in den 1990er Jahren. Jedoch ist nicht zu übersehen, dass die Techniken der modellgetriebenen Software- und Systementwicklung noch nicht weit genug gediehen sind, um ausschließlich von reinen Geschäftsprozess-Analysten übernommen zu werden. Diesbezüglich zeigt sich immer wieder ein grundlegender Widerspruch:

- Wird ein Domänenmodell so weit verfeinert, dass es tatsächlich technisch ausführbar wird, steigt seine Komplexität derart stark an, so dass die grafischen DSLs mehr und mehr den Charakter universeller Programmiersprachen annehmen. DSLs gewinnen ihre Stärke jedoch gerade aus ihrem ganz speziellen Anwendungsbereich, der dann offensichtlich wieder aufgegeben wird.

- Wird das Modell bewusst auf einer höheren Abstraktionsebene gehalten, muss bei der Workflow-Definition erhebliche Feinarbeit geleistet werden, die wiederum den traditionellen Programmierarbeiten ähnelt. Häufig werden deshalb wieder Mischansätze (Workflow-Engines, ergänzt durch Applikationslogik, Round-Trip-Engineering) gewählt, die letztlich jedoch dem Grundgedanken einer weitgehenden Automatisierung des Entwicklungsprozesses widersprechen.

Die Zukunft wird zeigen, ob die Grundsätze der BPM/SOA tatsächlich die versprochenen Effizienzgewinne bringen. Es mehren sich mittlerweile auch Stimmen, die beispielsweise den Hauptvorteil der Services, ihre grundlegende Wiederverwendbarkeit, in Bezug auf nichttriviale Services für Geschäftslogik-Anteile kritisch sehen. Die meisten Änderungen an der Ausführungslogik wirken sich eben doch auf die Schnittstellen aus.

4.5.4 Nicht-funktionale Systemeigenschaften

Die nicht-funktionalen Systemeigenschaften sind für den Operativbetrieb eines Systems wichtig. BPM und SOA versprechen in diesem Zusammenhang eine Reihe von Vorteilen:

- Ein klares Rollenmodell (z.B. Geschäftsanalyst, Workflow-Designer, Implementierer, Tester) hilft während des Entwicklungsprozesses bei der Aufteilung und Trennung der Zuständigkeiten (*Separation of Concerns*, SoC). Agile Prozessanteile können in Bezug auf die weitgehend autarke Teillogik der Aktivitäten oder Services umgesetzt werden.

- Ein zentralisiertes Domänenmodell ermöglicht eine optimierte Steuerung der Entwicklungsarbeiten durch die Bereitstellung einer gemeinsamen Kommunikationsplattform.
- Eine tragfähige Dokumentation und ein übergreifender Modellentwurf, der die Systemschnittstellen explizit festlegt, können die Aufwände und Kosten für Betrieb und Wartung reduzieren.

Die nicht-funktionalen Merkmale lassen sich in zwei Gruppen unterteilen: solche, die zur Laufzeit (Runtime), und solche, die zur Zeit der Systementwicklung und des -deployments (Design, Deployment) mess- und überprüfbar sind.

Die Anwendung der BPM-und SOA-Konzepte führt häufig zu verbesserten nicht-funktionalen Systemeigenschaften. Allerdings können sich auch Nachteile ergeben, sich etwa die lose Kopplung der Services nachteilig auf die Systemperformance auswirken. Hier muss also eine Abwägung getroffen werden.

Tab. 4.6 fasst einige der wichtigsten Beurteilungskriterien zusammen. Nicht alle sind dabei von gleicher Bedeutung. Inwiefern die Vorteile in der Praxis tatsächlich zum Tragen kommen, hängt stark von der konkreten Anwendung während der Projektdurchführung ab. In der Gesamtschau sollte sich allerdings ein Mehrwert ergeben, sonst stellt sich das technische Basiskonzept womöglich als nicht tragfähig heraus. Hier sind die ordnenden Hände der Software-Architekten gefragt.

Die wesentlichen Vorteile der BPM- und SOA-Ansätze ergeben sich durch die Haupttreiber der modellgetriebenen Softwareentwicklung: der Interoperabilität und der Wiederverwendbarkeit von Systemteilen, in möglichst variablen Bestandteilen. Daneben steht die Fähigkeit, das Systemverhalten zur Laufzeit zu analysieren, um Ausgangspunkte für Optimierungs- und Verbesserungsmaßnahmen ermitteln zu können (Monitoring). Diese Belange sind in der Software-Entwicklung nicht

Tab. 4.6. Nicht-funktionale Eigenschaften von BPM/SOA-Systemen (Auswahl)

Nicht-funktionale Systemeigenschaft	**Zur Laufzeitmessbar?**	**Bedeutung und Einordnung**	**Nutzen im SOA/BPM-Kontext**
Availability (Verfügbarkeit)	x	System bietet seine Funktionalität gemäß erwarteter Antwortzeiten an.	Für BPM/SOA-Systeme durch Skalierungsmaßnahmen / Replikation der Services zu gewährleisten.
Integrability (Integrierbarkeit)		Fähigkeit zum Einsatz in Szenarien der Systemintegration (auch Interoperability /Interoperabilität).	Gute Eigenschaften durch Abstraktionsebenen, explizite Schnittstellen.
Maintainability (Wartbarkeit)		Fähigkeit zum Einbringen von System-Erweiterungen.	Gute Eigenschaften durch klare technische und funktionale (Service-) Schnittstellen.
Performance (Durchsatz)	x	Systemantwort innerhalb der erwarteten Antwortzeiten (synchron, asynchron).	Möglicher Nachteil durch erhöhte Komplexität der Laufzeit-Frameworks, kann durch Skalierungsmaßnahmen/Replikation ausgeglichen werden.
Portability (Portierbarkeit)		System kann auf unterschiedlichen Technologie- und Betriebssystemplattformen betrieben werden.	Durch Abstraktion oder Verwendung von portablen Basistechnologien (Java) zu gewährleisten. Durch hohe Interoperabilität vernachlässigbar.

Tab. 4.6. (Fortsetzung)

Nicht-funktionale Systemeigenschaft	Zur Laufzeitmessbar?	Bedeutung und Einordnung	Nutzen im SOA/BPM-Kontext
Reusability (Wiederverwendbarkeit)		Systemteile lassen sich auch in anderen Zusammenhängen wiederverwenden.	Gute Eigenschaften durch modulare Struktur der Aktivitäten/Services.
Robustness (Robustheit)	x	Stabilität auch unter Hochlast-Szenarien.	Gute Eigenschaften, durch Systemarchitektur abzudecken.
Security (Sicherheit)	x	Schutz von Zugriff und Daten durch Authentifizierung, Autorisierung, Auditing etc.	Gute Eigenschaften durch spezialisierte Monitoring-Schnittstellen.
Scalability (Skalierbarkeit)		Erweiterungsfähigkeit eines Systems.	Gute Eigenschaften durch den modularen Aufbau (Aktivitäten, Services).
Testability (Testbarkeit)		Testbarkeit des Systems im Ganzen und in Teilen.	Gute Eigenschaften durch Schnittstellen-orientierten Aufbau und modulare Teillogik, die separat getestet werden kann.

Quelle: in Anlehnung an [Li07]

neu, allerdings steht heute für die Implementierung ein fester Verfahrensrahmen zur Verfügung.

4.5.4.1 Systemänderbarkeit (Refactoring)

In Bezug auf notwendige Änderungen von Softwaresystemen werden verschiedene Begriffe verwendet: *Refactoring*, *Redesign*, *Rewriting* und *Re-architecting*. Tab. 4.7 zeigt dazu eine Übersicht.

Tab. 4.7 Varianten zum Einbringen von Änderungen in BPM/SOA-Systeme

Aspekt der Änderbarkeit	Erklärung	BPM/SOA-Systeme
Rearchitecting	Überprüfung und Änderungen von weitreichenden Design-Entscheidungen, die den architektonischen Grundaufbau einer Lösung betreffen.	Gut geeignet durch potenziell modellgetriebenen Ansatz.
Redesign	Überprüfung und Revision einmal getroffener Design-Entscheidungen. Ein Redesign geht in der Regel mit einer weitreichenden System-Neuerstellung einher.	Prozess-Neudefinition, Ausführung aller Schritte bis zum System-Deployment.
Refactoring	Schrittweise Schwachstellenanalyse, und Einführung von Korrekturen, ohne das beobachtbare Verhalten einer Software zu beeinflussen.	Auf Ebene der Workflow-Definitionen, Aktivitäten und Services.
Rewriting	Redesign auf Code- und Programmierebene.	Auf Ebene der Workflow-Definitionen, Aktivitäten und Services.

Einen besonderen Bekanntheitsgrad hat das *Refactoring* erlangt, mit dem sich FOWLER eingehend beschäftigt hat [Fo08]. Darunter ist die sorgfältige Analyse eines Softwaresystems hinsichtlich seiner funktionalen und logischen Struktur zu verstehen, aus der seine schrittweise Optimierung abgeleitet wird. So gehört die Verlagerung von Funktionalität aus einer Klasse heraus hinein in eine dafür besser geeignete, ohne jedoch die Funktionalität selbst zu ändern, zum Refactoring. Das beobachtbare Verhalten des betrachteten Systembausteins ändert sich dadurch nicht.

Insbesondere im Hinblick auf die das Refactoring und das Rearchitecting bieten die BPM/SOA-Ansätze leistungsfähige Unterstützung:

- Auf der Ebene des „Programming in the small“, also bezogen auf die Aktivitäten oder Services, können kleinteilige Design-Änderungen ausgeführt werden, ohne dass die Gesamtfunktionalität davon betroffen wäre. Ihre isolierte Operativschaltung kann im Rahmen eines agilen Entwicklungsprozesses erfolgen. Ein SOA-Ansatz sollte stets durch in die Hostumgebungen integrierte Hilfswerkzeuge zum Deployment und zur Versionierung unterstützt werden.
- Auf der Integrationsebene lassen sich im Stil des „Programming in the large“ Systemänderungen einbringen. Die eingesetzten WFMS/BPMS sollten für die entsprechenden Aufgaben der Koordination und Kollaboration (z. B. Workflow Engines) eine weitreichende, automatische Unterstützung bereits mitbringen.
- Bei richtiger Verwendung erleichtern DSL-Generatoren die Implementierung von Änderungen, die an einem Domänenmodell ausgeführt werden.
- Auf Ebene der Anwenderinteraktion der Composite Applications (User Interfaces) bieten Inbound/Outbound-Schnittstellen in Bezug auf die Prozesslogik (Schnittstelle 3 des WfMC-Referenzmodells) eine entsprechende Flexibilität.

Eine geschlossene Werkzeugunterstützung, ausgehend von den Modellierern (Geschäfts-Analysten) bis zu einem vollautomatischen Deployment eines Anwendungssystems wird heute von den Frameworks noch nicht geleistet. Stattdessen dienen die Ansätze des BPM/SOA häufig dazu, Arbeitspakete gegeneinander abzugrenzen und die Service-Schnittstellen in einer als sinnvoll erachteten Granularität festzulegen, um daraus Codevorlagen zu generieren und diese einzeln mit traditionellen Programmiermitteln zu implementieren.

4.5.4.2 Workflows und Interoperabilität

Die Systementwicklung nach BPM-Grundsätzen, insbesondere bezüglich der Composite Applications und deren Einbindung unterschiedlicher Applikationen im Rahmen von EAI-Szenarien, kommt ohne tragfähige Interoperabilitätsmodelle nicht aus. Die WfMC ordnet in ihrem Referenzmodell diesen Funktionskomplex der Schnittstelle 4 zu (vgl. Kapitel 4.4.1.2). Eine mögliche Kommunikationsvariante könnten an dieser Stelle beispielsweise Emails mit MIME-Anhängen (Attachments) sein. Die WfMC hat darüber hinaus den Standard Wf-XML (Workflow XML) spezifiziert, der auf dem *Asynchronous Service Access Protocol* (ASAP) der OASIS aufbaut. ASAP beschreibt Kommunikationsmuster für die asynchrone Kommunikation über Prozessgrenzen hinweg [OA08]. Der Wf-XML-Standard selbst liegt seit 2005 in der Version 2.0 (2005) vor, und nutzt für die Service-Beschreibung die WSDL (W3C).

Neben diesen Kommunikationsprotokollen kommt für applikations- und plattformübergreifende Integrationsszenarien zusätzlich das gesamte Spektrum an SOA-Integrationstechnologien in Frage. Sie können aus den Einzelaktivitäten bzw. Services eines Workflows heraus aktiviert werden.

Die Verwendung der Web Services verspricht an dieser Stelle eine besonders hohe Flexibilität und Leistungsfähigkeit. Aufgrund ihres Bezugs auf zentrale SOA-Standards bieten sie anerkanntermaßen eine tragfähige Grundlage für eine reibungslose, plattform- und prozessübergreifende Kommunikation. Den häufig asynchronen Kommunikationscharakter zwischen langlaufenden Prozessen tragen neuere Web Service-Standards durch Einbindung von asynchronen Message-Queuing-Protokollen Rechnung (z. B. durch ein JMS-basiertes SOAP/WSDL-Binding).

Dass die Verwendung von Web Services in heterogenen Systemlandschaften allerdings auch technische Probleme mit sich bringen kann, wird aus der Existenz der Web Services Interoperability Organization (WS-I) deutlich, einer Industrieorganisation, die sich zum Ziel gesetzt hat, einheitliche Verfahren und Verwendungsmöglichkeiten speziell in Bezug auf Web Services zu definieren. Festgehalten werden sie in so genannten Profilen. An dem wichtigsten von ihnen, dem „WS-I Basic Profile", haben Hersteller wie IBM, SAP, Sun oder Microsoft die Voraussetzungen für eine vereinheitlichte Basis-Interoperabilität von Web Services auf ihren spezifischen Plattformen festgelegt (allerdings unter Auslassung komplexer Anwendungen wie Sicherheit, SLAs, oder Service- Management, die in eigenen Spezifikationen betrachtet werden). In der jüngeren Vergangenheit sind drei zentrale Profile (Basic Profile Version 1.1, Attachments Profile Version 1.0, und Simple SOAP Binding Profile Version 1.0) zu offiziellen ISO-Standards erklärt worden. Sollen aus Workflows heraus Web Services aufgerufen werden, ist auf die strikte Einhaltung der Vorgaben der WS-I zu achten.

Sollen dagegen Modelle über verschiedene Plattformen transferiert werden, um aus ihnen Workflow-Definitionen zu generieren, so ist darauf zu achten, dass die Modellierungsumgebungen einen Export der erstellten Modell in standardisierten

Austauschformaten (etwa XMI, XPDL) ermöglichen. Eine analoge Prüfung ist, sofern verwendet, auch für selbstentwickelte DSLs durchzuführen.

4.5.4.3 Metriken, Business Activity Monitoring (BAM)

Die in zahlreichen SOA-Projekten praktizierte, enge architektonische Verknüpfung von BPM mit SOA ist aufgrund der modularen Systemstrukturierung in Aktivitäten und Dienste für eine Ablaufverfolgung zur Laufzeit, dem *Tracking*, gut geeignet. Durch entsprechende Analysewerkzeuge lässt sich feststellen, ob ein Dienst oder eine Aktivität gerade aktiv ist, oder seine Arbeit bereits abgeschlossen hat. Außerdem verfügt das System über Informationen, ob ein langlaufender Workflow gerade für die spätere Verwendung persistiert (dehydriert) wurde, und kann dieses auch über die externen Management-Schnittstellen bekannt geben.

Die entsprechenden Fähigkeiten der BPMS werden unter den Begriff des *Business Activity Monitoring* (BAM) gefasst. So sind beispielsweise Audit Trails, in denen die Systemaktivität revisionssicher festgehalten wird, häufig unverzichtbar. Zeitgemäße BPMS bieten insbesondere in den folgenden Feldern Unterstützung:

- Erzeugung von Statusreporten über die von der Workflow-Engine aktuell ausgeführten Geschäftsprozesse.
- Durchführung von Systemanalysen, wie sich besondere Ausführungsereignisse auf Ebene der Workflow-Engine im Hinblick auf die übergreifenden, geschäftskritischen Transaktionen auswirken (beispielsweise bei technischen Problemen in Verbindung mit Datenbankzugriffen).
- Bereitstellung von dynamischen Verfahren, durch die auf gemeldete Sonderereignisse reagiert werden kann (z. B. Hot-Failover auf ein DB-Replikat zur Laufzeit).

- Berücksichtigung von Vorgaben von geschäftsbedingten Richtlinien (Policies), und Service-Level Agreements (SLAs).
- Erfassung und Anzeige von Performance-Statistiken.

Einige Metriken zur Bestimmung der aktuellen Systemauslastung zeigt Tab. 4.8. Ein einfaches Beispiel hierfür ist die Abfragemöglichkeit der aktuell wartenden (dehydrierten) bzw. aufgrund von Ressourcenengpässen noch nicht gestarteten (oder noch nicht instanzieren) Workflows.

Tab. 4.8. Metriken zur Systemauslastung (Beispiele)

Metrik	Bedeutung
Antwortzeit der Service-Provider / Durchlaufzeit der Aktivitäten	Zeitintervall bis zur Rückmeldung eines erfolgreichen Durchlaufs.
Auslastung der Service-Provider / Aufruffrequenz der Aktivitäten bzw. Workflow-Instanzen	Latenzzeit zwischen wiederholten Aufrufen.
Datendurchsatz	Zwischen Aktivitäten bzw. Services ausgetauschtes Datenvolumen
Zahl der zwischengespeicherten Nachrichten bzw. Dauer der Workflow-Persistierung (Dehydrierung, Hydrierung) in einem (verteilten) System mit asynchroner, eventgesteuerter Kommunikation.	Zeitspanne bis zum Übergang zum nächsten Service bzw. der nächsten Aktivität.

Daneben sollte auch auf die Möglichkeit einer administrativ unterstützten Integration wichtiger Key-Performance-Indikatoren (KPIs), die sich auf die Ausführungslogik beziehen, geachtet werden. An dieser Stelle können Regelmaschinen (Rules Engines) wertvolle Dienste leisten (vgl. Kapitel 4.4.2).

5 Technologieübersicht

5.1 BPMS-Werkzeuge und -Hilfsmittel

In Anwendungssystemen zum Geschäftsprozessmanagement (BPMS), die gemäß BPM/SOA-Ansätzen aufgebaut sind, fließen wesentliche Entwicklungsströmungen der technischen Informatik der vergangenen Jahrzehnte zusammen. Ihre erhebliche softwaretechnische Bandbreite lässt sich in fünf funktionale Teilfelder zerlegen, die in Abb. 5.1 grafisch dargestellt sind [IB08b]:

- Das Feld der *Modellierung und Simulation* deckt die Anforderungen der Prozessmodellierung und der Workflow-Definition ab (Feld 1).
- Alle Aspekte der operativen Systemkontrolle werden unter dem so genannte *Business Activity Monitoring* (BAM) zusammengefasst. Damit sind insbesondere diejenigen Systemfunktionalitäten gemeint, die der Aussteuerung der Prozessimplementierungen und der verteilten Systemanteile zur Laufzeit dienen (Feld 2).
- Im Umfeld der operativen Prozessausführung spielt die Infrastrukturseite der Service-Kommunikation mittels *Workflow-Engines* (oder anderen Koordinierungsinstanzen) eine wichtige Rolle. Hier ist auch die strukturelle Integration der Anwender-zentrischen Workflows anzusiedeln (Felder 3, 4).

- Eine optimierte *Toolunterstützung*, *Framework-Schnittstellen* und bestehende *Service-Portfolios* können während der Systementwicklung dabei helfen, im BPM-Umfeld rasch Effizienzgewinne und produktive Ergebnisse zu erzielen (Feld 5).

Die eingesetzten Werkzeuge sollten den gesamten Lebenszyklus der Geschäftsprozesse (Business Process Life Cycle) unterstützen. Dabei greift eine Fokussierung allein auf die für Prozessentwurf und Workflow-Definition verfügbaren Werkzeuge zu kurz. Ein BPMS sollte in jedem Fall auf allen der genannten Funktionsfelder entsprechende Leistungsmerkmale aufweisen.

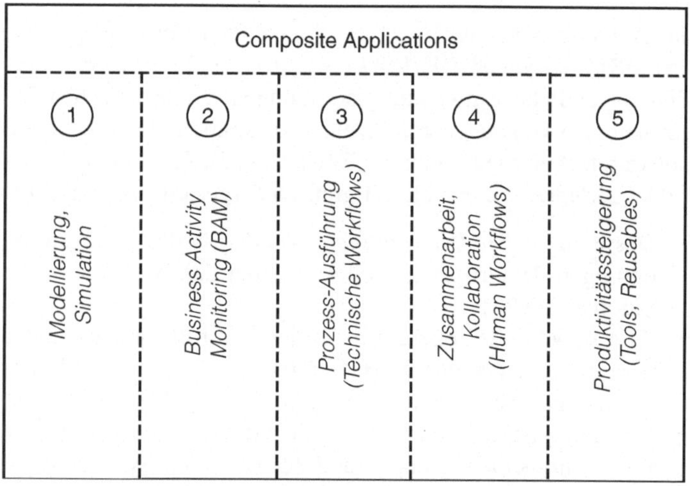

Abb. 5.1. Kern-Funktionsfelder der BPMS

Gerade in größeren Systemen sind die Steuerungsfunktionen des BAM von einer mindestens ebenso großen Bedeutung wie leistungsfähige Modellierungs-Werkzeuge.

Auch auf die Wichtigkeit konsolidierter Standards soll in diesem Zusammenhang noch einmal hingewiesen werden. Sie beziehen sich auf die Integrationsschnittstellen der jeweiligen Werkzeuge aus den verschiedenen Funktionsfeldern. So kommen beispielsweise standardisierte, grafische DSLs wie BPMN oder UML innerhalb von Feld 1 zum Tragen. Dem Feld 2 lassen sich die Standards zur Kontrolle von Service-Zuständen (z. B. Web Services Distributed Management, WS-Notification) zuordnen. In den Feldern 3, 4 finden sich die Standards zur technischen Workflow- und Koordinationsbeschreibung (z. B. XPDL, WS-BPEL, WS-CDL), während Feld 5 solche Standards wie WSDL oder UDDI zugeordnet werden können.

Eine wichtige Rolle spielt daneben ein durchgängiges Sicherheitskonzept, das ebenfalls durch entsprechende Standards und Frameworks unterstützt werden sollte (Feld 5). Composite Applications setzen sich aus verschiedenen Basisbausteinen (Aktivitäten oder Services) zusammen, die sowohl im technischen wie auch anwenderbezogenen Umfeld einem konsistenten Identitäts- und Zugriffsmanagement (Identity/Access Management) unterworfen werden müssen. Häufig kommen hier Sicherheitsstandards für föderierte Systeme zur Anwendung: Die Identitäts- und Zugriffsabsicherung erfolgt in diesem Kontext unter Verwendung von „Tickets“, die seitens eines zentralen Auskunftsdienstes aufgrund einer eindeutigen Authentifizierung mit einer zeitlichen Gültigkeitsbeschränkung zur Verfügung gestellt werden. Sie dienen als Mittel zur Autorisierung, indem mit ihnen Zugriffs- und Ausführungsrechte bestimmter Services verbunden sind. In diesem Zusammenhang spielen für Web Services die Standards der WS-Security oder WS-Federation eine große Rolle.

In die BPMS gehen insbesondere die operationellen Anteile einer Domänenimplementierung ein. Es ist nicht unbedingt notwendig, dass sie in ihrer Gesamtheit auf der homogenen Toollandschaft eines einzigen Softwareherstellers basieren. Vielmehr begünstigen BPM/SOA-Prinzipien die in den 1990er Jahren verbreitete Best-of-Breed-Strategie, also die Zusammenstellung einer Gesamtlösung aus Einzellösungen, die in ihren jeweiligen funktionalen Teilbereichen die vergleichsweise besten technischen Eigenschaften aufweisen. Dieser Ansatz wird allerdings häufig durch die funktional umfassenden Technologieplattformen der großen Softwareproduzenten konterkariert. Die folgenden, praktischen Hinweise können bei der Zusammenstellung der verschiedenen BPMS-Technologiebausteine helfen:

- Alle offenen, von abgesetzten Teilkomponenten oder Fremdsystemen angebotenen Schnittstellen sollten den erwähnten Standards folgen. Das hilft dabei, eine ausgeprägte Abhängigkeit von Einzelherstellern („Vendor Lock-in") im Hinblick auf verschiedene Technologiebausteine der BPMS zu vermeiden, z. B. durch einen XPDL/XMI-Export- bzw. Importunterstützung der eingesetzten Modellierungsumgebungen. In Bezug auf die Workflow-Engines sind hier allerdings ausdrücklich Ausnahmen möglich (siehe Folgepunkt).
- Der Einsatz von Workflow-Engines bzw. sonstiger Koordinierungs-Instanzen sollte im Vorfeld einer genauen technischen Analyse unterzogen und bewertet werden. Die Implementierung einer übergreifenden Ablauflogik muss in diesem speziellen Zusammenhang nicht unbedingt auf Standards beruhen, deren Verwendung durchaus auch mit operationellen Nachteilen behaftet sein kann (vgl. Kapitel 4.5.3). Diesem Umstand Rechnung tragend, stellt beispielsweise IBM die so genannten „Business State Machines", die mittels gängiger Applikationsframeworks implementiert werden können, auf eine Stufe mit den Workflow-Engines (vgl. Kapitel 5.3.1). An dieser Stelle eine tragfähige Entscheidung zu treffen, ist Aufgabe der an der Entscheidungsfindung beteiligten Software- und Systemarchitekten.

- Die Einbindung eines herstellerspezifischen Service-Portfolios (z.B. der SAP-Enterprise Services) ist häufig sinnvoll, jedoch innerhalb von gut strukturierten Composite Applications nicht zwingend. Deren Vorteil besteht gerade in der klaren Trennung zwischen fachlichen und architektonischen Systemanteilen, die eine Einbindung standardbasierter Services auf Seiten von Fremdsystemen erleichtert. Sollte sich im Rahmen eines Projekts herausstellen, dass sich solche nicht ohne größere Aufwände einbinden lassen, empfiehlt es sich, die gewählte Basisarchitektur einer grundlegenden Revision zu unterziehen.
- Mit der Systemkomplexität wachsen auch die Anforderungen an die operative Laufzeitkontrolle (BAM). Ein einfacher administrativer Zugang zu einem System ist wichtig, um im Systembetrieb eine Komplexitätsfalle zu vermeiden, die die Wirtschaftlichkeit einer Softwarelösung durchaus erheblich beeinträchtigen kann. Deshalb ist es notwendig, bereits zur Entwicklungszeit eines Systems der Seite der betrieblichen Systemadministration größte Aufmerksamkeit zu widmen (im Sinne eines „Single Point of Administration“).

Einige Bewertungskriterien in Bezug auf die Leistungsfähigkeit von BPM/SOA-Werkzeugen zeigt Tab. 5.1.

Tab. 5.1. Bewertungskriterien für BPMS (Auswahl)

Bereich	Kriterium	Erläuterung
Prozess- bzw. Workflow-Modellierung (Feld 1)	• Top-Down-Ansatz der Modellierung unterstützt • Grafische Prozessmodellierung • Integration von eigenen DSLs • Weitreichende Berücksichtigung von Standards • Einheitliches, zentrales Modell-Repository	Idealerweise sollte ein Round-Trip-Engineering über verschiedene Modellierungsebenen möglich sein.

Tab. 5.1. (Fortsetzung)

Bereich	Kriterium	Erläuterung
Laufzeit-Kontrolle (BAM, Feld 2)	• Anschluss an Service-Registry/ Repository • Dynamische Systemaussteuerung • Echtzeiterfassung des Systemauslastung • Zahl und Art der Messgrößen zur Systemauslastung • Einheitliche Bedienungsoberfläche • Überprüfung von Service-Abhängigkeiten (Fehler-Simulation) • Logging und Auditing	Häufig in der Entwicklungsphase unterschätzt, für den Betrieb eines BPMS jedoch von großer Bedeutung.
Prozesse/ Ausführungs-ebene (Felder 3,4)	• Grenzen der Transaktionslast • Workflow-Versionierungsmodell • Deploymentmodell • Abstraktion von Datenmodellen (Business Objects) • Skalierbarkeit und Systemkopplung	Eine Analyse, ob automatisierter Workflow tatsächlich die erwarteten Vorteile bringt, sollte vorgeschaltet werden.
Toolunterstützung (Feld 5)	• Bereits vorhandene, und in Services gekapselte Fachfunktionalität • Generatoren (vertikal/horizontal), Workbenches (z. B. für Software Factories, DSLs…) • Adapter-Fabriken • Dokumentation	Macht einen wesentlichen Teil der zu erwartenden Produktivitätsgewinne einer BPM-Lösung aus.

5.2 Koordination und Komposition von BPMS

Maschinenlesbare, in der Regel auf der XML basierende Beschreibungsformate in Bezug auf Koordination und Komposition der Aktivitäten bzw. Services stellen eine wichtige Voraussetzung für die maschinelle Prozessverarbeitung dar. In diesem Umfeld existieren einige standardisierte, also von Industriekonsortien und -gremien spezifizierte und freigegebene Formate, in denen sich teilweise Paradigmen der Systemverteilung nach SOA-Grundsätzen widerspiegeln.

5.2.1 Service-Orchestrierung (WS-BPEL, OASIS)

Die unmittelbare Verknüpfung von Diensten (Services) mit Workflow-Definitionen, die in einem sequenziellen Kontrollfluss über verschiedene Services resultiert, wird unter den Begriff der Service-Orchestrierung gefasst.

Implementiert wird sie von den so genannten orchestrierten Diensten, die eine führende Rolle in der Verarbeitung übernehmen, indem sie die Eingabedaten bereitstellen und die Folgeverarbeitung anstoßen. Diese Services kapseln die gesamte Workflowverarbeitung ein, und weisen dadurch eine höherwertige, zusammensetzende Funktionalität auf. Aufgrund ihres Aggregationsmodells fügen sich orchestrierte Services nahtlos in eine SOA ein (vgl. Abb. 5.2).

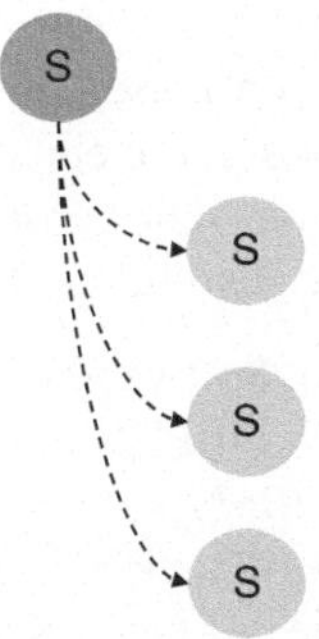

Abb. 5.2. Basis-Interaktionsmodell der Service-Orchestrierung (S=Service)

Ein weit verbreitetes Format zur Darstellung von Service-Orchestrierungen beschreibt der OASIS-Standard der *Business Process Execution Language* (WS-BPEL). WS-BPEL kombiniert die Grundkonzepte von BPM und SOA in einer formalen, XML-basierten Ausführungssprache. In einen WS-BPEL Prozess lassen sich insbesondere Web Services einbinden, deren Porttypen (aufrufbare Endpunkte unter Einbeziehung des Transportprotokolls) auf einer entsprechenden WSDL-Beschreibung beruhen. WS-BPEL bietet zur Erstellung der Workflows die folgenden beiden Prozesskategorien:

- Die so genannten abstrakten WS-BPEL-Prozesse geben eine Gesamtsicht auf Geschäftsprozesse wieder. Ihre Erstellung ist dem Bereich der Workflow-Definition zuzuordnen. Aufgrund weggelassener, technischer Detailinformationen (z. B. Auslassung von Endpunkt-Spezifikationen) sind abstrakte Prozesse selbst jedoch nicht unmittelbar ausführbar, sondern dienen lediglich Dokumentationszwecken. Nachrichtenbasierte Interaktionen mit anderen Services lassen sich mit anderen Services beschreiben, im Sinne einer Protokollspezifikation durch Beschreibung des von außen beobachtbaren Verhaltens. Abstrakte Prozesse können allerdings zu Prozessen der zweiten Prozesskategorie, den ausführbaren Prozessen, erweitert werden.
- Neben den abstrakten Prozessen gibt es auch die so genannten ausführbaren Prozesse, die einer vollen Workflow-Implementierung entsprechen. Jeder abstrakte WS-BPEL-Prozess sollte mindestens eine ausführbare Variante besitzen.

Praktisch alle großen Softwarehersteller haben Workflow-Engines auf Basis von WS-BPEL mittlerweile in ihr Produktportfolio integriert (z. B. *IBM Process Server*, *SAP PI*, *Microsoft BizTalk Server*). Daneben existieren auch zahlreiche Produkte kleinerer Hersteller sowie auf Open-Source-Basis (z. B. *Apache ODE*). Trotz bestehender Spezifikationsmängel und -unzulänglichkeiten kann WS-BPEL heute als im Sinne eines Industriestandards als führendes Workflow-Definitionsformat im Umfeld der Systemintegration angesehen werden.

In WS-BPEL handelt es sich um eine deklarative, XML-basierte Notation, mit der nach dem Vorbild von SQL komplexe Skripte aufgebaut werden können. Abb. 5.3 zeigt eine exemplarische Grundstruktur.

Alle in einen Workflow eingebundenen Dienste werden in den <partnerLinks/>-Definitionspart aufgenommen. Die vorab definierten Variablen (<variables/>) werden durch Service-Aufrufe mit Werten gefüllt. Anschließend können Ausdrücke (Expressions) auf die Variablen angewendet, und deren Ergebnisse weiterverarbeitet werden.

WS-BPEL-Skripte auf XML-Ebene manuell zu kodieren, ist in der Regel unübersichtlich und mühsam. Erst seit etwa 2005 steht BPMN als standardisierte, grafische DSL zur Erstellung von WS-BPEL-Skripten zur Verfügung. Deshalb gibt es viele proprietäre Editoren zur Skripterstellung.

```
<?xml version="1.0" encoding="UTF-8"?>
<process name="Test">
    <partnerLinks/>
    <!-- Eingebundene Dienste -->
    <variables/>
    <!-- Workflow-Daten -->
    <sequence>
        <!-- Workflow-Definition-->
        <receive/>
        <!-- Dienstaufruf zur Variablenfüllung-->
        <assign/>
        <!-- Variablen-Übertrag (Verarbeitung)-->
        <reply/>
        <!-- Variable an Dienst übertragen -->
    </sequence>
</process>
```

Abb. 5.3. WS-BPEL-Skript (Grundstruktur)

Den BPMN-Transformationen kommt ein vertikaler und unidirektionaler Charakter zu: Aufgrund fehlender grafikbezogener Sprachelemente lässt sich derzeit aus WS-BPEL-Skripten keine BPMN-Rücktransformation durchführen. Überdies bietet WS-BPEL in der aktuellen Version 2.0 noch keine Hilfsmittel zur Anwenderinteraktionen („Manuelle Tasks") an. Darüber hinaus werden Subprozesse nicht explizit unterstützt, sondern nur eingeschränkt durch die Anwendung der „scope"-Aktivität.

5.2.2 XML Process Definition Language (XPDL, WfMC)

Die *XML Process Definition Language* (XPDL) der WfMC macht Vorgaben zur Schnittstelle 1 des WFMS-Referenzmodells (vgl. Kapitel 4.4.1.2). Sie legt ebenso wie WS-BPEL ein standardisiertes Workflow-Definitionsformat fest. In beiden Fällen handelt es sich also um rein text- und XML-basierte formale Beschreibungsarten.

Der funktionale Umfang der XPDL ist, gemessen an dem Funktionsumfang der WS-BPEL, größer. Das bezieht sich zum einen auf die Möglichkeit, durch die Aufnahme von Grafikinformationen eine Bindung an grafische, namentlich BPMN-gestützte Workflow-Editoren herzustellen, und zum anderen auf die Fähigkeit, auch Anwenderinteraktionen in den Abarbeitungsfluss aufzunehmen. Die Bindung an Bedienungsoberflächen gewinnt, wie bereits beschrieben, im Umfeld der Service-orientierten Architekturen und Composite Applications stetig an Bedeutung.

Die Tatsache, dass XPDL gewissermaßen als Dateiformat der BPMN benutzt werden kann, welche in der jüngeren Zeit eine verstärkte Aufmerksamkeit erfährt, kann möglicherweise einen Vorteil im Hinblick auf die zukünftige Marktverbreitung bedeuten. Allerdings besitzt WS-BPEL im Hinblick auf die diesen

Standard implementierenden Workflow-Engines gegenwärtig eine höhere Verbreitung.

Tab. 5.2 zeigt eine Übersicht über die Parallelen und Unterschiede zwischen WS-BPEL und XPDL ([Ba07], http://xml.coverpages.org/Shapiro-XPDL.pdf).

Tab. 5.2. Technische Gegenüberstellung der XPDL und BPEL

Merkmal	XPDL (WfMC)	WS-BPEL (OASIS)
Zielsetzung	Offener Datenaustausch von Prozess-Definitionen (WfMC-Schnittstelle 1) und Dateiformat für BPMN.	Spezifikation von abstrakten und ausführbaren Prozessen, unter Beteiligung von Web Services.
Prozess-Teilnehmer	„Participants": Resource, Role, Org Unit, Human, System, dyn. Zuordnung mittels Regeln (Rules) zur Laufzeit.	Intern keine Zuordnung von Teilnehmern, externe im Nachrichtenaustausch über „Partner (Links)".
Techn. Schnittstellen	Diverse, z. B. Web Service, EJB, POJO, Script, Rule	Web Services (WSDL), mit beliebigem Binding (prinzipiell hohe Flexibilität).
Manuelle Tasks	Explizite Definition von Aktivitäten als „Task Manual".	Bislang nicht unterstützt.
Modularisierung	Subprozesse unterstützt.	Eingeschränkt möglich durch die „scope"-Aktivität.
Simulation	Enthält Attribute für Time Estimation, Cost Unit u. a.	Nicht explizit unterstützt.
Datenfluss	Nur Übergabe zum Start und Ende eines Subprozesses.	Kollaboration zwischen parallelen Web Services.

Tab. 5.2. (Fortsetzung)

Merkmal	XPDL (WfMC)	WS-BPEL (OASIS)
Laufzeitverhalten, Problembehandlung	Für langlaufende Teilprozesse keine expliziten Definitionen.	Enthält „fault handler“, „compensation handler“, „transaction demarcation“.
Austausch mit BPMN	Die Version 2.0 (seit 2005) enthält neben Koordinaten und Shape-Größen die Elemente Pool, Lane, Gateway, Event, was einen bidirektionalen Austausch mit BPMN ermöglicht.	Keine grafischen Elemente. Nur unidirektionaler Austausch mit BPMN möglich.

5.2.3 Service-Choreographie (WS-CDL, W3C)

Von dem W3C-Konsortium stammt die Spezifikation der *Web Services Choreography Description Language* (WS-CDL), mit der die verschiedenen Service-Interaktionen im Zuge eines ausgeführten Prozesses auf einer gleichberechtigten (Peer-to-Peer-) Ebene formal beschrieben werden können. WS-CDL konzentriert sich auf das von außen beobachtbare Verhalten der Services bezüglich ihres freien, gegenseitigen Informationsaustauschs. Von den technischen Details wie den für die Services verwendeten Programmiermodellen oder Betriebssystemplattformen wird ganz bewusst abstrahiert (siehe Abb. 5.4).

WS-CDL und WS-BPEL schließen sich deshalb nicht gegenseitig aus. Im Gegenteil, WS-CDL verfolgt einen abstrakteren Ansatz auf Ebene der technischen Systemmodellierung, der unter anderem mittels orchestrierter WS-BPEL-Prozesse in die Praxis umgesetzt werden kann.

Aufgrund dieses höheren Abstraktionsgrades ist es allerdings auch schwieriger, passende Entwicklungswerkzeuge für

WS-CDL zur Verfügung zu stellen. Hierfür steht derzeit nur eine eingeschränkte Auswahl zur Verfügung (z. B. das Pi4SOA-Plug-in für Eclipse, das unter der URL http://pi4soa.wiki.sourceforge.net/ heruntergeladen werden kann).

Die Akteure in WS-CDL-Prozessnotationen sind die Services selbst. Entwurfswerkzeuge auf Basis der WS-CDL konkurrieren deshalb nicht unmittelbar mit den bekannten DSL's wie BPMN oder UML, sondern führen eine neue Ebene des technischen Prozessdesigns ein, auf der sich die gegenseitigen Wechselwirkungen mit zusätzlichen Freiheitsgraden beschreiben lässt.

In jüngerer Zeit gibt es Initiativen, Workflow-Engines zu entwickeln, die Workflow-Definitionen auf Basis von WS-CDL-Definitionen unmittelbar ausführen können (z. B. http://wscomposition.seu.edu.cn/index.html).

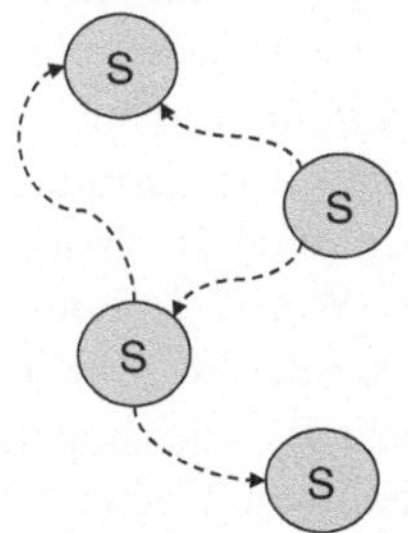

Abb. 5.4. Basis-Interaktionsmodell der Service-Choreographie (S=Service)

5.2.4 XAML (Microsoft)

Microsoft hat mit seinem weit verbreiteten .NET-Entwicklungsframework seit der Version 3.0 auf die neuen Entwicklungstrends reagiert und bietet mit der *Windows Communication Foundation* (WCF) und *Windows Workflow Foundation* (WF) leistungsfähige Entwicklungswerkzeuge für die Erstellung von verteilten

Systemen nach den SOA-Konzepten an. Auch wenn sie noch nicht in allen Aspekten als ausgereift bezeichnet werden können, führen sie moderne Grundsätze der Applikationsentwicklung auf der Microsoft-Technologieplattform ein, die für die nächsten Jahre prägend sein werden.

Mit der .NET 3.0-Version wurde mit der Windows Presentation Foundation (WPF) zusätzlich eine erneuerte Oberflächentechnologie eingeführt. Sie ermöglicht den Aufbau von grafischen Oberflächen in einem eigenen Beschreibungsformat, der XML-basierten Extensible Application Markup Language (XAML). XAML kann in diesem Sinn als eine Weiterentwicklung von HTML verstanden werden, indem sie ein uniformes Programmiermodell für eine große Zahl von Clients darstellt. Mit ihrer Hilfe können HTML, Vektor Graphik (SVG), Animationsformate (Flash, SMIL), oder Dokumentenformate (PDF, XSL-FO) in eine einheitliche Darstellungsform gebracht werden. Sowohl Windows Client- wie auch Web Applikationen der .NET-Plattform bauen auf dieser Grundlage auf.

XAML lässt sich nun auch als Workflow-Definitionsformat verwenden, das von der Workflow Foundation direkt verarbeitet werden kann. Dazu werden in XAML zusätzliche Schemata eingebunden, denen spezielle Funktionalität zugeordnet ist und die in einem vorgeschalteten Compilerlauf ausgewertet werden. Auch wenn sie syntaktisch XAML-Dokumente darstellen, werden sie, um den semantischen Zusammenhang eines spezifischen Anwendungsbereichs zu kennzeichnen, teilweise auch als Orchestration Markup Language (XOML) bezeichnet.

Auf der .NET-Plattform lassen sich ausführbare Workflows auf verschiedene Weise erstellen (vgl. Abb. 5.5). Auf einen vorgeschalteten Compilerlauf der Workflow-Definition kann unter der Voraussetzung verzichtet werden, dass eine XAML-Definition eine reine strukturelle Darstellung (Serialisierung) eines Workflow-Graphen darstellt. In diesem Fall kann sie mittels des

Mechanismus‘ der XAML-Aktivierung (XAML Activation) in die Workflow-Engine der WF eingelesen werden.

Rein XAML-basierte Workflow-Definitionen bieten deshalb den Vorteil, auch ohne vorherigen Compilerlauf von Seiten der Workflow Foundation gehostet werden zu können. Dieser Ansatz kommt dem Modell eines flexiblen Workflow-Interpreters sehr nahe (vgl. Kapitel 4.4.1.3), allerdings muss zugunsten der reinen Strukturdarstellung auf bestimmte höherwertige Systemmerkmale (z. B. der Auswertung von Inline-Code) verzichtet werden.

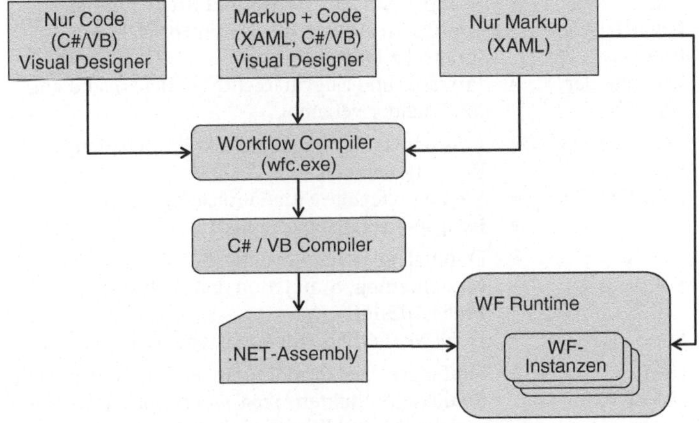

Abb. 5.5. Microsofts XAML als Workflow-Definitionsformat

5.3 Technologieplattformen

Die Grundkonzepte der BPM/SOA haben verbreitet Eingang in kommerzielle und frei verfügbare Software-Infrastrukturprodukte gefunden. Um sich von der Konkurrenz abzusetzen, versehen zahlreiche Hersteller ihre Technologieplattformen mit über die Basisstandards hinausreichenden Leistungsmerkmalen, oder

Tab. 5.3. BPM-Produktportfolio (Auswahl)

Produkt	Beschreibung
BEA Systems Aqualogic BPM (V6)	• Umfassende BPM-Toolunterstützung. • Leistungsfähiges Integrationsframework. • Top-Down-Ansatz zur Systementwicklung, Fähigkeit zu bidirektionalen (vertikalen) Modell-Transformationen in den Modellierungstools.
Metastorm Metastorm BPM (V7)	• Leistungsfähige Modellierungs- und Simulationstools. • Geeignet für hohe Transaktionslast.
Pegasystems PegaRULES Process Commander (PRPC)	• Kombination aus BPMS und Rules Engine. • Top-Down-Ansatz zur Systementwicklung (grafische DSLs). • Prozesse und Zugriffsrechte (Policies) sind eng miteinander verzahnt.
Software AG webMethods BPMS (V7.1)	• Leistungsfähige Prozess-Ausführungsplattform für Unternehmen. • Weit entwickelte Simulationsumgebung. • Eclipse-basiertes Designtool
TIBCO Software TIBCO iProcess Suite (TiPS)	• Durchgängige und leistungsfähige Tools für Modellierung, Simulation und grafisches Prozessdesign. • Hohe Skalierbarkeit und Datendurchsatz.
IBM IBM BPM Portfolio	• Umfangreiches Produktportfolio, mit den beiden Schlüsselprodukten *WebSphere Process Server* und *FileNet P8 Server.* • Verschiedenste Prozess-Modellierungsarten (Anwender-zentrisch, technisch, inhaltsbezogen) werden unterstützt. • Verschiedenste Technologieansätze werden unterstützt (Composite Applications, reine Prozessimplementierungen, Dokumenten-zentrischer Ansatz).

versuchen insbesondere durch die nahtlose Integration ihrer Produkte in den verschiedenen BPM-Funktionsfeldern Synergien und damit Vorteile gegenüber Konkurrenzprodukten zu erzielen. Gerade die größeren Hersteller wie IBM, Microsoft, SAP oder

Oracle bieten der strukturellen Offenheit der BPM/SOA-Systeme zum Trotz aufeinander abgestimmte Toolsuiten an, die den Bedarf nach Alternativen minimieren sollen.

Das britische Analystenhaus Butler Group hat in der jüngeren Vergangenheit eine Reihe von BPM-Produkten untersucht und nach ihren Leistungsdaten eingeordnet [Bu07]. Tab. 5.3 zeigt die nach dieser Analyse bestplatzierten Produkte.

Obwohl die entsprechenden Werkzeuge der größten Softwarehersteller IBM, Microsoft, Oracle und SAP teilweise noch unklar definiert sind, und in entsprechenden Bewertungsstudien auch nicht immer auf den vorderen Plätzen landen, wird über deren Toollandschaft aufgrund der zukünftig zu erwartenden Marktdurchdringung ein kurzer Überblick gegeben. Im Bedarfsfall sind Informationen aus anderen Quellen ergänzend heranzuziehen. Darüber hinaus existiert eine breite Palette an Open Source-Produkten, auf deren Darstellung aufgrund ihrer Vielgestaltigkeit an dieser Stelle verzichtet wird.

5.3.1 BPM-Plattformen von IBM

IBMs Lösungsportfolio umfasst eine breite Auswahl an BPM/SOA-Technologien, aufgeteilt in Infrastrukturkomponenten und Entwicklungswerkzeuge. Mit dem *WebSphere Process Server* und dem *FileNet Server (P8)* stehen gleich zwei leistungsstarke BPM-Technologieplattformen zur Verfügung.

Die Vielzahl der Alternativen verspricht bei richtiger Anwendung einerseits eine hohe Passgenauigkeit einer möglichen Zielarchitektur, die andererseits gerade deshalb nicht ganz einfach zu erreichen ist.

Die neuesten technologischen Entwicklungen ergeben sich im Umfeld des WebSphere Process Server (V6), eine Sammlung verschiedener Serverkomponenten, die auf Grundlage der Kommunikationsarchitektur des WebSphere Enterprise Service Bus (ESB) miteinander in Verbindung stehen.

Abb. 5.6 zeigt seinen strukturellen Aufbau, der eine 3-Schichten-Architektur aufweist: auf Grundlage der SOA-Basistechnologien (SOA-Entwurfsmodelle, Eventing-Infrastruktur, Datenabstraktion) stellt er auf einer übergeordneten Ebene allgemeine BPM-Unterstützungsdienste bereit (Mapping auf Geschäftsobjekte, Nachrichten-Mediationsregeln), die schließlich auf der eigentlichen BPM-Funktionsebene unter Anwendung von verschiedenen Paradigmen der strukturierten, prozessorientierten Ablaufsteuerung genutzt werden können (vgl. Kapitel 5.1, Felder 3 und 4).

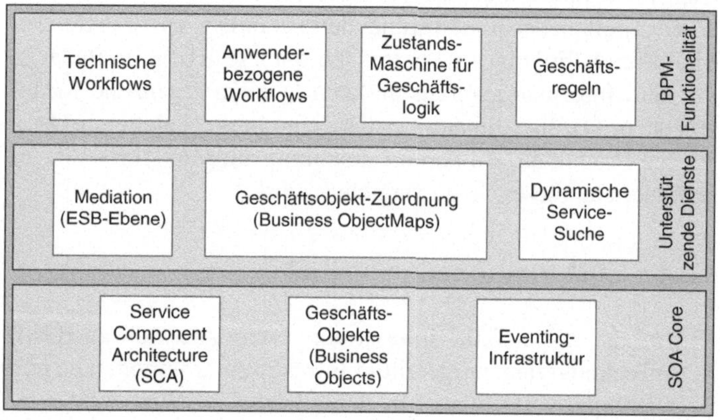

Quelle: IBM

Abb. 5.6. Bausteine des *WebSphere Process*-Servers

Um den WebSphere Process Server gruppieren sich unter anderem die folgenden Produkte:

- Der *IBM WebSphere Business Modeler* (V6) kann von Geschäfts-Analysten zur Systemmodellierung, Workflow- und Regeldefinition genutzt werden (vgl. Kapitel 5.1, Feld 1). Neben der reinen Prozesslogik lassen sich mit ihm auch technische

Strukturierungsmerkmale wie Tasks, Entscheidungsregeln, Ressourcen, Geschäftsobjekte, oder Schleifen zur Ablaufsteuerung erfassen.

- Der *IBM WebSphere Business Monitor* (V6) stellt Hilfsmittel zur Laufzeit-Kontrolle hinsichtlich der ausgeführten Prozesse bereit (Kapitel 5.1, Feld 2). Dabei ergänzt er sich mit dem *Business Modeler*, mit dem sich diejenigen Ereignisse festlegen lassen, die schließlich von dem *Business Monitor* schließlich ausgewertet werden sollen. Letzterer stellt dafür Überwachungsfunktionen auf der Prozessebene bereit. Für eine Detailkontrolle auf Ebene der IT-Technik ist beispielsweise der *Tivoli Composite Application Manager for SOA* besser geeignet (siehe Folgepunkt).
- Der *Tivoli Composite Application Manager for SOA* ermöglicht die Statuskontrolle verteilter Composite Applications durch eine technische Einzelüberwachung der verteilten Services. Im Umfeld von BPM/SOA sind vor allem die Ausprägungen als „Manager for SOA“, „Manager for WebSphere“ und „Manager for Response Time Tracking“ interessant [IB08c].
- In dem *IBM WebSphere Integration Developer* (V6) handelt sich um eine *Eclipse*-basierte Entwicklungsumgebung für Composite Applications. Sie kann dafür verwendet werden, um aus dem *Business Modeler* stammende Workflow-Definitionen zu importieren und für den *WebSphere Process Server* auf einer IT-technischen Ebene zu optimieren (vgl. Kapitel 5.1, Feld 5). Damit stehen Integrationsspezialisten die benötigten Mittel zur Verfügung, um vollwertige BPM-Lösungen neu zu konzipieren, zu testen (debuggen) und zu deployen. Die bekannten Programmier- und Komponentenmodelle aus dem Umfeld der Service-orientierten Architektur, etwa die *Service Component Architecture* (SCA), werden unterstützt.

Der *FileNet Server* dient neben dem *WebSphere Process Server* als robuste Ausführungsplattform für Anwender-zentrische, interaktive und inhaltsbasierte Workflows. Composite Applications lassen sich darüber hinaus auch auf Grundlage der *Lotus*-Groupware entwickeln.

Im BPM/SOA-Umfeld hat IBM darüber hinaus eine Vielzahl an weiteren Produkten im Portfolio, etwa *Rational Data Architect* (vgl. Kapitel 5.1, Feld 1), *WebSphere DataStage Designer, WebSphere Portal, WebSphere Adapters, IBM Workplace Forms View* oder *Tivoli Access Manager, Tivoli Federated Identity Manager* (vgl. Kapitel 5.1, Feld 5). Für nähere Informationen sei auf IBM-Auskunftsquellen verwiesen [IB08a].

5.3.2 BPM-Plattform von Microsoft

Microsoft erweitert seine bereits seit vielen Jahren in der IT-Welt bekannten und verwendeten Technologien (etwa *Microsoft Windows Server, Microsoft .NET Framework, Microsoft Office-Suite*) konsequent in Richtung der BPM/SOA-Konzepte. Die *Windows Communication Foundation* (WCF), Bestandteil des .NET-Frameworks seit der Version 3.0, sowie der *BizTalk Server* stellen die wichtigsten Bausteine zur Entwicklung von SOA-Services und deren Einbindung in ein BPM-Integrationsszenario dar. In dem *BizTalk Server* handelt es sich um einen leistungsfähigen Prozessserver, ursprünglich konzipiert als Integrationshub für zentralistische EAI-Lösungen. Für ihn steht deshalb eine Vielzahl von Adaptern zur Schnittstellenansteuerung von Fremdsystemen zur Verfügung. Die Fähigkeit zur grafischen Prozessdefinition kann für den Aufbau von Service-Orchestrierungen genutzt werden. Darüber hinaus gestattet Konstruktion von Verarbeitungs-„Pipelines" die Konfiguration des Nachrichten-Routings in allen Details. Damit entwickelt er sich in

Richtung eines vollwertigen Enterprise Service Bus (ESB) mit integrierter Workflow- und Rules-Engine weiter.

Im Gegensatz zu anderen Softwareherstellern hat Microsoft den ESB weniger als eigenständiges Produkt, sondern bevorzugt als allgemeines Architekturkonzept verstanden. Unter diesem Gesichtspunkt fasst Microsofts ESB Guidance Architekturpatterns und Praxisempfehlungen zusammen, die im Umfeld des BizTalk Servers den Aufbau entsprechender Funktionalität eingesetzt werden können (z. B. unter Verwendung der Produkte SharePoint, SQL Server, MSMQ) [MS08a].

Die Programmierparadigmen der Composite Applications finden sich in dem .NET-Framework wieder. Einen wesentlichen Anteil daran deckt die Windows Workflow Foundation (WF) ab, die ein Framework zur Ausführung von deklarativ beschriebenen Workflows auf der Windows-Plattform bereitstellt (vgl. Kapitel 5.2.4).

Auf einer höherwertigen Integrationsebene setzt Microsoft die Composite Applications mit den Office Business Applications (OBAs) gleich: zur Realisierung von Anwender-zentrischen Workflows kommt in diesem Zusammenhang dem Microsoft Office SharePoint Server (MOSS) als zentrales Content-Management-System (CMS) innerhalb der Microsoft-Produktlandschaft eine herausgehobene Bedeutung zu. Die von seiner Seite verwalteten Dokumente und Listenelemente lassen sich mit interaktiven, deklarativ beschriebenen Bearbeitungs-Workflows verknüpfen.

Hierfür verwendet der *SharePoint Server* die Workflow-Funktionalitäten der *SharePoint Services*, die ihrerseits auf der WF aufbauen und durch die Integration von *InfoPath*-Formularen ergänzt werden können.

Bezüglich der Anwenderinteraktion lassen sich in OBAs alle Office-Produkte wie z. B. der Email-Client Outlook, die Tabellenkalkulation Excel, oder die Textverarbeitung Word integrieren und in einen durchgängigen Prozesszusammenhang stellen.

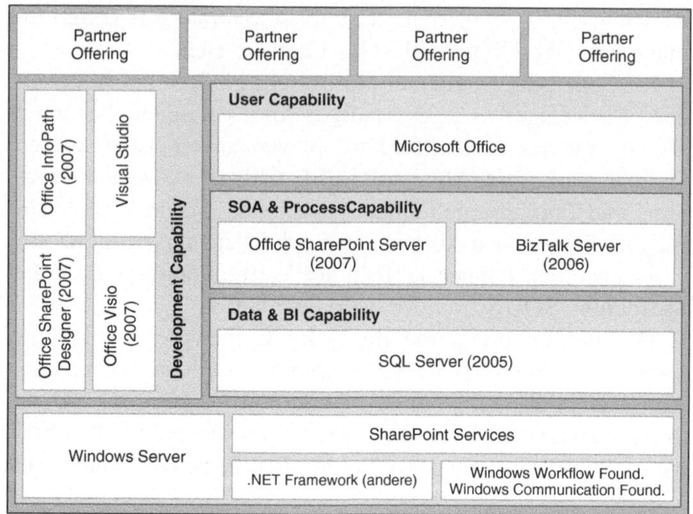

Abb. 5.7. Microsofts BPM-Produktlandschaft

Diese Anwender-Clients bieten den Rahmen für konfigurierbare, grafische Benutzeroberflächen auf Basis des offenen Dokumentenformats Open XML (OOXML, ISO/IEC 29500).

Das zentrale Entwicklungswerkzeug der Microsoft-Technologieplattform ist das Visual Studio, modular ergänzt durch einsatzspezifische Erweiterungen für die Entwicklung von BPM/SOA-Applikationen (etwa Application Designer, System Designer, Deployment Designer). Daneben stehen InfoPath für die Entwicklung XML-basierter Formularverwaltungen und der SharePoint Designer für ein Customizing des SharePoint-Portals zur Verfügung. Schließlich dient Visio als universelles Entwurfswerkzeug für IT-technische Zusammenhänge (z. B. zum Entwurf von UML-oder ER-Diagrammen).

5.3.3 BPM-Plattform von Oracle

Oracle stellt mit seiner Middleware-Produkt *Oracle Fusion Middleware SOA Suite* (OFM-SOA) eine umfassende Technologieplattform für BPM/SOA-Lösungen zur Verfügung. Nach der Übernahme von BEA verfügt Oracle nunmehr über einen Weltmarktanteil von ca. 20 % im BPM/SOA-Umfeld und ist damit neben IBM Weltmarktführer.

Abb. 5.8 zeigt seinen strukturellen Aufbau.

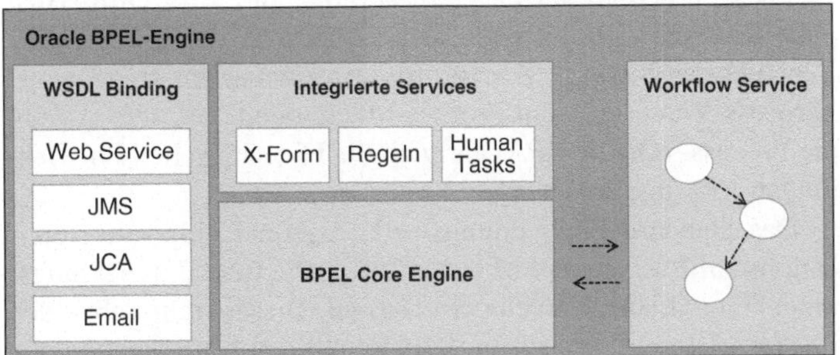

Abb. 5.8. Struktureller Aufbau des Oracle BPEL-Process Managers

Oracle erweitert mit der OFM verschiedene Standard-JEE-Applikationsserver um Funktionalitäten der transaktionalen Ausführung einzelner Workflow-Prozessschritte, und des Thread- und Connection-Poolings, das für die garantierte Nachrichtenzustellung auf Ebene der Kommunikations-Infrastruktur eines Enterprise Service Bus Verwendung findet. Damit wird eine ausfallsichere Nachrichtenübertragung (Reliable Messaging) realisiert.

Alle Daten eines Einzel-Prozessschritts werden in einem binär verarbeiteten XML-Dokument gespeichert, das unmittelbar nach der Ausführung in der Datenbank gespeichert (dehydriert)

wird. Das führt zu einem ökonomischen Umgang mit den vorhandenen Systemressourcen.

Das Framework der Oracle Business Rules, das mit dem PM eng verbunden ist, ermöglicht eine grafische Regeldefinition und die Einbindung verschiedener Regelmaschinen z. B. der Hersteller ILOG oder Fair Isaac. Ergänzt wird es durch ein eigenes Software Development Kit (SDK), mit welchem dieses Framework auch andere Programmen zugänglich gemacht werden kann.

Bezüglich der Modellierungswerkzeuge bietet Oracle die Business Process Analysis (BPA)-Suite, die eine OEM-Ausgabe des ARIS-Toolsets der IDS Scheer AG beinhaltet. Eine Besonderheit bietet in diesem Zusammenhang der so genannte „Process Blueprint", ein Prozess-Metamodell, auf dem sowohl die Prozess- (Oracle BPA) als auch die IT-technischen Entwicklungswerkzeuge aufsetzen.

Das Standard-Entwicklungswerkzeug für Composite Applications auf Basis der OFM bietet Oracle die freie Entwicklungsumgebung Oracle JDeveloper (11g) an. Dieser stellt neben den im Java-Umfeld typischen IDE-Funktionalitäten auch einen Blueprint-Editor auf Basis der BPMN zur Verfügung. Damit ermöglicht er das Anlegen von BPEL-Prozessen auch ohne die Verwendung von Werkzeugen aus der BPA-Suite.

Zur operativen Überwachung einer BPM-Lösung stellt Oracle ein Softwarepaket namens Oracle Business Activity Monitoring (BAM) bereit. Es erlaubt die Überwachung der Prozesse und die freie Zuordnung von Key-Performance-Indikatoren (KPI). Als besonderes Merkmal können außerdem Prozesse zur Laufzeit geändert werden. Oracle BAM ermöglicht die Eigenentwicklung webgestützter, operationellen Übersichten (Monitoring, Dashboards) und eine Signalisierung von Auffälligkeiten im Betrieb (Alerting).

Die verschiedenen Anteile der OFM sind nicht homogen gewachsen, sondern von Oracle größtenteils durch Akquisitionen zusammengestellt worden. Der großen Funktionsvielfalt zum Trotz existieren wie auch z. B. im IBM-Produktportfolio zahlreiche Produkte nebeneinander. Eine bessere Integration ist allerdings für die Folgereleases zu erwarten.

5.3.4 BPM-Plattform von SAP

SAP stellt auf der Grundlage seines *NetWeaver*-Technologiestacks Frameworks und Entwicklungsumgebungen zur Implementierung von Composite Applications bereit. Abb. 5.9 zeigt die wichtigsten Bausteine in Bezug auf die SAP-eigenen BPM/ SOA-Technologien. Im Einzelnen kommen die verschiedenen Technologien zur Anwendung:

- Die Basisschicht der Prozess-Integration (*SAP NetWeaver Process Integration, PI*) dient der Realisierung von technischen Workflows, die auf dem Austausch von Nachrichten innerhalb einer Service-orientierten Architektur basieren. In *SAP PI* handelt es sich um die SAP-eigene Ausführung eines Enterprise Service Bus (ESB), kombiniert mit einer Kommunikations-Infrastruktur, die einem synchronen oder asynchronen Kommunikationsparadigma folgen kann. Die Informationsübermittlung über die Services kann an dieser Stelle auch auf dem Austausch von Ereignissen (Events) basieren. Mittels *SAP PI* können die typischen SOA-Merkmale (lose Kopplung, Beschreibung von Metadaten, operative Wiederverwendbarkeit) im Sinne der System- und Applikationsintegration ausgenutzt werden, z. B. durch die Einschaltung entsprechender Adapter. Die Festlegung der Service-spezifischen Nachrichtenformate und -transformationen (Mediationsregeln) sowie der zum Einsatz kommenden, plattformübergreifenden Integrationstechnologien ist auf dieser Ebene ebenfalls möglich.

- Darüber liegt die Ebene der SAP-eigenen Kernprozesse. Sie kodieren reine Geschäftslogik und legen für sie Ereignisquellen und -senken als Teil einer Eventing-Infrastruktur fest. Diese Services werden im *Enterprise Services Repository* (ES Repository) veröffentlicht und stehen damit für den Aufruf aus beliebigen Ausführungskontexten von Seiten der Composite Applications aus zur Verfügung.
- Das *SAP Composition Environment* (CE) stellt eine *Eclipse*-basierte Entwicklungsumgebung zum Aufbau von Composite Applications auf der SAP-Plattform zur Verfügung. Oberflächen lassen sich mit Hilfe des *Visual Composer* (VC) entwerfen, und Services aus dem ESR in Anwender-zentrische Workflows, den so genannten *Guided Procedures*, einbinden.

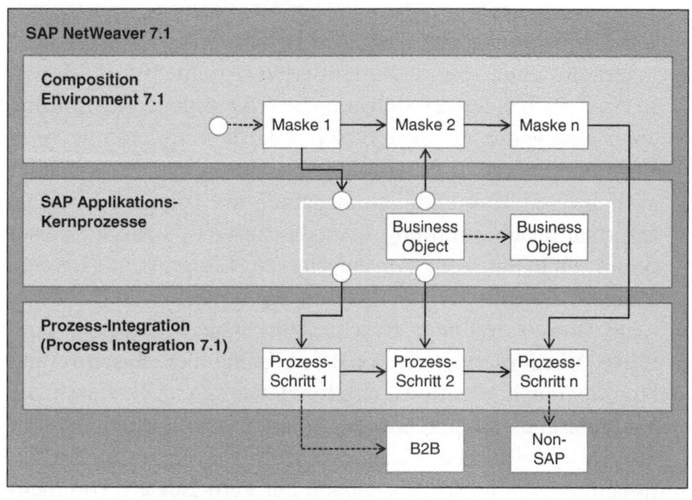

Abb. 5.9. BPM auf der SAP NetWeaver-Plattform

Zukünftig plant SAP weitere Ergänzungen in Bezug auf das Composition Environment. Mit dem *NetWeaver Business Process Management* und *SAP NetWeaver Business Rules Management* sollen die entsprechenden BPM/SOA-Kernfunktionalitäten (vgl. Kapitel 5.1, Felder 2, 3, 4) besser umgesetzt werden können.

Das *NetWeaver Business Process Management* wird zukünftig das Eclipse-basierte *Composition Environment* in Richtung von einheitlicher Modellierungsoberflächen (Unified Modeling), dem Business Rules Management und der Entwicklung von interaktiver und technischer Prozessausführung auf Basis des *Enterprise Services Repository* (ESR) erweitern:

- Ein *Process Composer* erlaubt eine Prozessmodellierung auf Basis der von BPMN. Daneben steht der *Rules* Composer zur Direktentwicklung von Geschäftsregeln aus dem CE heraus.
- Ein erweiterter *Process Server* ermöglicht die unmittelbare Ausführung der Prozessmodelle auf Basis von WS-BPEL.
- Ein *Process Desk* dient als Schnittstelle zu den zugewiesenen Aufgaben und erlaubt die Interaktion mit den laufenden Prozessinstanzen und anderen Prozess-Teilnehmern.

Daneben kann auch das Paket des *SAP Enterprise Modeling Applications by IDS Scheer* separat in eine BPM-Umgebung eingebunden werden. Wie auch auf dem Oracle-Technologiestack, können damit größere, unternehmensweite BPM-Modellierungen hinsichtlich Geschäftsprozesse sowie der IT- oder Informationsarchitektur ausgeführt werden.

6 Zusammenfassung und Ausblick

Auf die Frage, was unter Geschäftsprozessmanagement zu verstehen ist, sollte jeder geneigte Leser an dieser Stelle seine eigene, fachlich fundierte Antwort geben können. In diesem Fall hat das Buch sein wichtigstes Ziel erreicht.

Dieses besteht, wie in der Einleitung bereits erwähnt, nicht darin, eine allgemeingültige und erschöpfende Beschreibung dieser Thematik zu liefern. Dafür eröffnen sich diesbezüglich einfach zu weite Interpretationsspielräume. Vielmehr geht es darum, eindeutige Orientierungsmarken für ein gemeinsames Verständnis des Geschäftsprozessmanagements aufzuzeigen, anhand derer sich ein solides Grundverständnis entwickeln lässt.

Entscheidend ist dabei der zentrale Entwicklungstrend der Konvergenz von der Methodik der betriebswirtschaftlichen Analyse und Unternehmenssteuerung, sowie deren Abbildung auf IT-technische Infrastrukturen. Sie tritt heute deutlicher als jemals zuvor in den Vordergrund, und in zukünftigen Systemen wird es hier erhebliche Weiterentwicklungen geben. Ein beachtlicher Teil der Kraft und Energie der Forschungsabteilungen der größten Software-Produzenten konzentriert sich genau auf diesen Punkt.

Die hier gegebene Darstellung trägt diesem Umstand Rechnung, indem von der betriebswirtschaftlichen Seite kommend, der Fokus anschließend auf die heute gängigen technischen

Realisierungsformen verlagert wird, unter Berücksichtigung dieser engen thematischen Verschränkung. So bleibt in einem allgemeingültigen Rahmen noch der notwendige Raum für die notwendigen, technischen Spezialisierungen.

Dabei sind die heute üblicherweise eingesetzten, IT-technischen Systemausprägungen, in größeren Zeiträumen gedacht, als Zwischenschritt in Richtung einer perfekten Software- und Systemarchitektur, welche gewissermaßen auf Knopfdruck die gewünschte Zielfunktionalität bereitzustellen in der Lage ist, anzusehen. Dieser so genannten Agilität wird zukünftig eine immer größere Bedeutung zukommen. Das wird sich zwangsläufig auch in der Service-orientierten Architektur, von vielen schon als das ultimative Allheilmittel für IT-technische Infrastrukturaufgaben gehandelt, niederschlagen. Machen wir uns hier alle am besten schon einmal auf tiefgreifende technische Revisionen und Neuerungen gefasst. Diese Feststellung ergibt sich einfach aus der Fortschreibung der technischen Entwicklungszyklen der Vergangenheit.

Alle diejenigen, die in dieser interessanten, aber auch schnelllebigen Branche professionell tätig sind, werden mit diesen kommenden Entwicklungen wahrscheinlich noch eher, als wir heute glauben, zu tun bekommen. Dementsprechend groß dürfte auch weiterhin das Interesse sein. Wir Autoren wünschen und glauben, mit diesem Buch gerade auch für das Verständnis der kommenden, spannenden Entwicklungen einen verlässlichen Verständnisrahmen gesetzt zu haben.

Literatur

[Ba07] M. Bartoniz, R. v. Ammon: BPM-relevante Standards, Objekt Spektrum, 2007

[BeKR07] J. Becker, M. Kugeler, M. Rosemann: Prozessmanagement. Ein Leitfaden zur prozessorientierten Organisationsgestaltung. Berlin, Heidelberg 2007.

[BeSc04] J. Becker, R. Schütte: Handelsinformationssysteme – Eine domänenspezifische Einführung in die Wirtschaftsinformatik, Frankfurt, 2. Aufl. 2004

[Bu07] Butler Group: Business Process Management, Building End-to-End Process Solutions for Agile Business, 1. Aufl., Dezember 2007

[CM07] Carnegie Mellon Software Engineering Institute: Domain Engineering: A Model-Based Approach, URL: http://www.sei.cmu.edu/domain-engineering/index.html (2007)

[Co96] A. Cockburn: Basic Use Case Template, URL: http://members.aol.com/acockburn/papers/uctempla.htm (1996)

[Dave93] T. H. Davenport: Process Innovation. Reengineering Work through Information Technology, Harvard Business School Press, Boston, 1993.

[Ev03] E. J. Evans: Tackling Complexity in the Heart of Software, Addison-Wesley Longman, Amsterdam, 1. Aufl., 2003

[Fo08] M. Fowler: Refactoring Homepage, URL: http://www.refactoring.com/ (2008)

[FoWi06] J. Fortune, D. White: Framin of Project Critical Success Factors by a Systems Model. International Journal of Project Management. 24 (2006), S. 53-65.

[GaLa05] E. Gamma, C. Larman: Elements of Reusable Object-oriented Software: AND Applying UML and Patterns, an Introduction to Object-Oriented Analysis and Design and Iterative Development, Addison Wesley, 2005

[GrPiRö06] V. Gruhn, D. Pieper, C. Röttgers: MDA: Effektives Softwareengineering mit UML2 und Eclipse, Springer, 1. Aufl. Berlin, 2006

[Ha07] P. Harmon: Business Process Change: A Guide for Business Managers and BPM and Six Sigma Professionals. Burlington 2007.

[HaCh93] M. Hammer, J. Champy: Reengineering the Corporation: A manifesto for business Revolution, Harper Business, New York, 1993.

[Ho03] J. E. Hopcroft et al.: Einführung in die Automatentheorie, Formale Sprachen und Komplexitätstheorie, Addison-Wesley Longman, 2. Aufl., 2003

[IB06] IBM Redbook: Patterns – SOA Foundation – Business Process Management Scenario, 1. Auflg., 2006

[IB08a] IBM Corporation: Informationsquellen zu FileNet, URL: http://www-306.ibm.com/software/data/content-management/products/process.html (2008); WebSphere Process Server, URL: http://www-306.ibm.com/software/integration/wdpe/ (2008)

[IB08b] IBM Redbook: Business Process Management Reviewer's Guide, 1. Aufl., 2008

[IB08c] IBM Tivoli Composite Application Manager, URL: http://www.ibm.com/software/tivoli/solutions/application-management/ (2008)

[IS08] ISO: IEEE 1471-Web Site, URL: http://www.iso-architecture.org/ieee-1471/index.html (2008)

[Ke06] H. Kerzner: Project Management. A Systems Approach to Planning, Scheduling, and Controlling. New Jersey 2006

[Le00] F. Leymann, D. Roller: Production Workflow: Concepts and Techniques, Prentice Hall International, 1. Auflg., 2000

[Li07] D. Liebhart: SOA goes real, Hanser Fachbuchverlag; 1. Aufl. 2007

[Lu02] D. Luckham: The Power of Events: An Introduction to Complex Event Processing in Distributed Enterprise Systems, Addison-Wesley Longman, Amsterdam, 1. Auflg. 2002

[Ma07] C. Mathas: SOA intern, Praxiswissen zu serviceorientierten IT-Systemen, Hanser Verlag, 1. Auflg., 2007

[Me06] D. Merrill: Mashups: The new breed of Web app, IBM, DeveloperWorks, URL: http://www.ibm.com/developerworks/library/x-mashups.html (2006)

[MS08a] Microsoft Corporation: Microsoft ESB Guidance for BizTalk Server 2006 R2, URL: http://www.microsoft.com/downloads/details.aspx?FamilyID=E3957253-24CE-45AA-AC32-60ABFFE15BAC&displaylang=en (2008)

[MS08b] Microsoft Corporation: Pattern and Practices: Software Factories, URL: http://msdn.microsoft.com/en-us/library/aa137950.aspx (2008)

[MS08c] Microsoft Corporation, Marc Mezquita: Performance Characteristics of Windows Workflow Foundation, URL: http://msdn.microsoft.com/en-us/library/aa973808.aspx (2006)

[MS08d] Microsoft Corporation: Workflow Authoring Styles, URL: http://msdn.microsoft.com/de-de/library/ms735715(en-us,VS.85).aspx (2008)

[OA07] OASIS: OASIS Web Services Business Process Execution Language (WSBPEL) TC, URL: http://www.oasis-open.org/committees/tc_home.php?wg_abbrev=wsbpel (2007)

[OA08] OASIS: OASIS Asynchronous Service Access Protocol (ASAP) TC, URL: http://www.oasis-open.org/committees/tc_home.php?wg_abbrev=asap (2008)

[Oe03] B. Oestereich et al.: Objektorientierte Geschäftsprozessmodellierung mit der UML, Dpunkt Verlag, 1. Aufl., Juli 2003

[OM07] OMG: Meta Object Facility (MOF) 2.0 Query/View/Transformation, URL: http://www.omg.org/docs/ptc/07-07-07.pdf (2007)

[OM08] OMG: Specification of the Business Process Definition Metamodel, URL: http://www.omg.org/technology/documents/br_pm_spec_catalog.htm (2008)

[PoMi85] M. Porter, V.E. Millar: How information gives you competitive advantage. In: Harvard Business Review 63 (1985) 4, S. 149-160.

[Sche91] W.-A. Scheer: ARIS: vom Geschäftsprozeß zum Anwendungssystem. Berlin, Heidelberg, 1991.

[StTi07] G. Starke, S. Tilkov: SOA-Expertenwissen: Methoden, Konzepte und Praxis serviceorientierter Architekturen, Dpunkt Verlag; 1. Aufl. (2007)

[WM08] Workflow Management Coalition: XPDL Support & Resources, XPDL Implementations, URL: http://www.wfmc.org/standards/xpdl.htm (2008)

Sachverzeichnis

X

Z